UNE TERRE

SES POSSESSEURS CATHOLIQUES

ET PROTESTANTS

Note de l'Auteur

Plusieurs personnes ont daigné s'enquérir si les *Familles de Vitré* auraient une seconde édition. Je réponds en livrant à la publicité ce nouvel écrit. Il peut être considéré comme un développement du premier. J'ose le recommander à la bienveillance du lecteur et le dédier à tous ceux qui m'ont honoré de leurs encouragements, de leurs conseils (1).

---

(1) Doivent être distingués entre tous : M. Sauvé, mon compatriote ; le chevalier de Crollalanza, président de l'Académie héraldique italienne ; M. de Ribbe, auteur du *Livre de Famille* ; MM. Ropartz, Barth. Pocquet, l'abbé Rouillot, les rédacteurs des *Études religieuses et historiques*, du *Polybiblion*, du *Bulletin littéraire de l'Univers*, M. Le Sage, M. Bertrand rédacteur de la *Revue du Maine et de l'Anjou*.

M. de la Borderie, en me permettant de consulter le registre domestique de Jehan de Gennes, M. l'abbé Paris-Jallobert, en me communiquant un relevé de l'état civil des calvinistes de Vitré, m'ont permis de donner à ce travail plus d'intérêt et d'autorité. Je suis heureux de le reconnaître.

E. FRAIN

UNE TERRE

SES POSSESSEURS

CATHOLIQUES ET PROTESTANTS

De 1200 à 1600

(Pour faire suite aux FAMILLES DE VITRÉ)

RENNES

J. PLIHON, LIBRAIRE-ÉDITEUR

Rue de la Visitation, 14

TYP. OBERTHUR ET FILS, FAUBOURG DE PARIS, 42

1879

UNE TERRE

SES POSSESSEURS

CATHOLIQUES ET PROTESTANTS

De 1200 à 1600

Elle se trouve près Vitré, à soleil couchant. Les trois fermes qui la composent sont la propriété de trois familles (1) conservant le souvenir d'ancêtres communs, naguère possesseurs de cette terre et en portant le nom. Les trois habitations viennent à la suite séparées seulement par des courtils; on les voit à mi-coteau, à la naissance d'un pli de terrain qui va s'élargissant jusqu'à la Vilaine. Le lieu est paisible, frais, ombragé; au temps *des étroits et mauvais chemins, de ces grands fossés qui pouvaient servir de remparts et de forteresses*, il était très-solitaire.

Si vous gravissez quelque peu vers Rennes, la vue s'étend davantage. Au delà d'une lande jadis inculte et dont les clôtures sont encore tapissées de bruyère et d'ajoncs, la dépression et la rencontre des collines vous indiqueront le confluent de deux rivières. Pour peu que

---

(1) Voir *ad calcem* les notes généalogiques.

vous soyez tenté de pénétrer plus avant, prenez au nord-ouest ; en moins d'un quart d'heure vous serez au bord de la Cantache. Elle promène là son cours sinueux entre des pentes rapides et fort rapprochées. Sur ces pentes couvertes de taillis et de belles châtaigneraies, perchent les villages gracieusement nommés Villensaut, Villaumur.

Cet ensemble avait charmé les gens d'autrefois. Pour en jouir à leur aise, ils avaient construit manoirs ou maisons des champs. Ils venaient là avec femmes et enfants s'esbattre, respirer à pleins poumons, faire provision d'air et de soleil. C'était chose utile et appréciée lorsqu'on avait vécu huit mois dans l'enceinte du vieux Vitré, ès rues Poterie ou Baudrairie.

Ces habitudes de villégiature dataient de loin. Le mémoire de Jean de Gennes du Mée, commencé l'an 1497, nous montre son frère Bodynais, expirant en son manoir de la Brosse, paroisse d'Erbrée, le 15 août 1521. Les environs de notre vieille ville sont d'ailleurs semés d'habitations de ce genre, establies sur plans à peu près identiques : un corps de logis flanqué d'une tourelle ronde ou carrée (1). L'entourage com-

---

(1) Nous citerons entre autres :
L'Épine, commune de Vitré, appartenant à Mlles de Ponlevoy ;
La Guichardière, commune de Vitré, à Mme Caillel du Tertre ;
Les Ormeaux, commune de Vitré, à M. Despréaux ;
La Berue, en Balazé, à M. Ed. Rupin ;
Le Feu, en Montreil-sous-Pérouse, à M. Mellet ;
Le Breil, en Montreuil-sous-Pérouse, à M. Lorin ;
Le Boispéan, en Champeaux, à M. Pollet ;
Lambert, en Saint-Aubin-des-Landes, à M. Pollet, etc., etc.

prenait un jardin muré, un vivier, une châtaigneraie, auxquels s'ajoutait parfois une chapelle domestique.

Tous ces détails nous les retrouvons sur la terre en question. Ses premiers possesseurs, les Tirel, étaient de vieille race, c'est l'histoire en main que nous venons l'affirmer.

Le duc de Bretagne Conan le Gros avait envahi les possessions de Robert de Vitré. Obligé d'abandonner son château et sa ville, celui-ci s'était retiré près Guillaume de la Guerche. Conan et son allié le voulurent forcer en cet asile. Confiants en leurs forces réunies, fiers de leurs précédents succès, ils marchaient sans défiance, lorsque au pont de Visseiche leurs troupes sont surprises par l'attaque impétueuse de Robert, mises en pleine déroute et forcées d'abandonner une partie de leurs armes et bagages. « Le duc et le comte » voyant cette desconfiture, qui leur estoit advenue, » se partirent de leurs lieux et cette nuit coucha Conan » à Châteaugiron, et le comte d'Anjou à Vitré, *en la* » *maison de Tehel Tirel* (1). »

Ce Tirel était le contemporain de quatre vitréens dont les agissements nous sont dépeincts au vif par Le Baud, en ce chapitre des chronicques qu'il intitule : *Comme Robert par le moyen de ses bourgeois de Vitré, recouvra sa ville et sa terre* (2).

Avant le combat de Visseiche, « il était advenu que » quatre bourgeois de Vitré, cest à savoir : *Ferron, du* » *bourg aux Moines, Regnault de Pocé*, et deux

---

(1) Voir Le Baud, *Chron. de Vitré*, chap. XXV, p. 22 et 23.

(2) Le Baud, *Chronique de Vitré*, chap. XXVI, p. 23.

» autres étaient allés à Rome en pèlerinage. » Arrivés au terme, nos gens ne trouvèrent rien de mieux à faire « que de confesser leur conscience à notre saint Père le Pape et entre autres choses lui notifièrent l'injure faite à leur seigneur. » (Robert s'était attiré l'animadversion de ses vassaux, qui l'avaient chassé de son patrimoine.) Le Pape leur déclare qu'ils aient à rendre à leur seigneur ce qu'ils lui avaient ôté.

Et voilà nos quatre bourgeois de reprendre le chemin de Vitré « moult tristes, dolents et courroucés. » L'un d'eux, Ferron, se fait prendre par les hommes de Robert, tient avec lui plusieurs conciliabules secrets et rentre à Vitré. Bientôt « il feint que les larrons, » à l'heure de minuit, lui enlèvent les herbes de son » jardin, » fait beaucoup de bruit et déclare « qu'il veut leur mettre la main au col. » Pour ce faire, « son jardin étant situé hors la porte Sainte-Croix, » il demande les clefs au portier, qui les lui baille avec la plus naïve confiance. Notre homme ne prend aucun voleur, mais imprime les clefs sur la cire et envoie leur formule à son seigneur, qui les fait forger à Candé « et » ainsi par cette voye et aidant la clémence divine, » Robert, par l'aide et conseil de Guillaume de la » Guerche, Thibaud de Mathefelon et Geoffroy de » Candé, dedans l'an après la desconfiture de Visseiche » et aussi par le moyen de ses bourgeois et autres ses » hommes et subjects, recouvra sa terre de Vitré. »

Regnaud de Pocé (1), l'un des quatre pèlerins cités

---

(1) Le sceau d'un Regnaud de Pocé figure sur plusieurs quittances du XIVe siècle présentées par M. de la Borderie aux membres de l'Association bretonne (1876).

par Le Baud, portait le nom de la paroisse où la terre des Tirel se trouvait située. Les noms de ces deux familles figurent dans nos plus anciennes chartes. Lorsque en 1205 André fonde l'hôpital de Vitré, parmi les témoins dont les largesses s'ajoutent à celles du baron, nous trouvons entre autres : Ruellan du Plessix, *Robert de Pocé,* Guillaume de Villensaut, Robert de Landavran *et l'épouse de Guillaume Tirel* (1). On sait que l'auteur de cette fondation s'était croisé trois fois. Avant de partir pour ces chrétiennes expéditions, il avait voulu faire son testament. Par cet acte « il commanda et or-
» donna à ses exécuteurs qu'ils amendassent par esti-
» mation aux pauvres gens des terres de Ruellan de
» Champeaux et de Babin Busson lesquelles il avait
» gastées par le feu, tous les dommages qu'il leur avait
» faits (2). »

Ces propriétés ravagées par le baron de Vitré avoisinaient la terre des Tirel. Elles étaient sur les deux rives de la Cantache, partie en Pocé, partie en Champeaux. En la première de ces paroisses, au fond d'un vallon et à l'endroit où les collines se rapprochent sensiblement pour former un défilé, les Busson avaient construit leur demeure. Ce n'était pas le château féodal avec son enceinte flanquée de tours et dominée par le donjon traditionnel, mais le manoir des XIIIe et XIVe siècles, bien clos de murs, entouré de fossés larges et profonds, incapable à la vérité de soutenir l'effort d'assiégeants patients et résolus, à l'abri toutefois des sur-

(1) Archives de l'hôpital Saint-Nicolas de Vitré.
(2) Le Baud, *Chron. de Vitré,* chap. XXXI, p. 28.

prises. Un grand corps de logis abritait maîtres et serviteurs. Des escuryes attenantes, une grange, un pressoir, un colombier bien garny de colombs, un chenil, jardins et vergers à l'entour formaient l'accessoire. Du côté de Champeaux, le val s'ouvre sur la Cantache ; du côté de Vitré, il s'élargit pendant 500 mètres. A cette distance, il se bifurque au pied d'un monticule qui porte le village du Tilleul et les landes de Berthauld.

Nos châtelains avaient ainsi sous l'œil et sous la main un pays giboyeux, pittoresque, où les cultures alternent encore aujourd'hui avec landes et taillis. Dans le voisinage, les braves compagnons ne manquaient pas pour y chasser et chevaucher joyeusement. Il suffisait aux maîtres de Gazon de passer la rivière au gué de Roux, de gravir l'escarpement qui le domine pour arriver aux landes de Launay. Un temps de galop sur ces bruyères et ils apercevaient l'étang de Palet, près duquel les d'Épinay avaient établi leur forte et somptueuse habitation. De là à Champeaux, la distance ne valait pas la peine d'être comptée. Dans une situation à peu près égale au point de vue de la fortune et de la naissance, les Champeaux (1), d'Épinay et Busson étaient faits pour s'entendre en temps de paix et en temps de guerre. Cette entente exista réellement. André de Vitré, la trouvant, paraît-il, ou présomptueuse, ou menaçante, employa contre elle et le fer et le feu.

---

(1) Les de Champeaux étaient fort intrigants. Lorsque Robert III, révolté contre son vieux père, vient demander sa part d'héritage, c'est par le conseil et suggestion de *Thibaud de Champeaux*, du sénéchal de Dourdain, de Guillaume de Combourtillé, etc. (*Chronique de Vitré*).

Pour avoir encouru cette terrible disgrâce, les Busson n'en restèrent pas moins gens considérables.

Le successeur d'André se disposant à joindre les bannières de saint Louis, « entre autres choses fit ses
» ordonnances testamentaires... ordonna ses debtes
» estre loyaulement payées et amendements faits et
» commanda *que nulle corvée ne fut payée ni faicte*
» *en la terre de Vitré,* disant quelles ne doibvent être
» de droit, et nomma ses exécuteurs testamentaires
» Messeigneurs Jean, évêque de Rennes, Bonnable de
» Rougé, Robert de Vitré son frère, frère Richard,
» prieur de Dinan, Jean, abbé du Tronchet, et autres. »
Ces ordonnances étaient datées du mois de juin 1248,
« le mercredy devant la fête de Monseigneur Saint-Jean-
» Baptiste, duquel jour le baron prit son chemin pour
» faire le dit voyage... et en l'an suivant que l'on dit
» 1249, le dimanche après la feste de Saint-Martin
» d'hyver, Monseigneur André de Vitré séjournant à
» Davast, en la présence de Robert de Vitré, son frère,
» fist nouvelles ordonnances touchant le fait de sa
» conscience... l'estat et entretenement de son fils
» André, le jeune, lesquelles il envoya a ses exécuteurs
» dessus nommés avec lesquels il adjousta et nomma
» *Babin Busson* et *Raoul du Matz* lors son sénéchal
» de Vitré (1). »

A la fin du XIVe siècle, les Busson sont à la cour des ducs de Bretagne pourvus de charges importantes, estimés de leurs souverains et admis en leurs conseils.

La guerre de succession est alors terminée, et l'heu-

---

(1) Voir Le Baud, *Chron. de Vitré,* chap. XLIV, p. 45.

reux rival de Charles de Blois régnerait paisiblement sans les Clisson et les Penthièvre. Poursuivi et fatigué par leurs continuelles intrigues, nous le voyons convoquer à Nantes, « en la maison et lieu des frères prêcheurs, » l'élite de ses sujets : prélats, barons, chevaliers, écuyers, députés des chapitres et de ses bonnes villes. Par le ministère de Robert Brochereul, sénéchal de Nantes, « il fait à tous proposer les griefs qu'il a contre
» Jehan, comte de Penthièvre, et Olivier, sire de
» Clisson. Le principal desquels était qu'il n'avait point
» encore voulu faire hommage et cependant jouissait
» de tous ses biens, sur lesquels griefs il demande leur
» advis (1). »

L'assemblée répond qu'il faut se plaindre au roi. *Robert Busson* y figure avec Guy de Laval, Alain de Montboucher (2) et autres... Cette délibération eut lieu au mois de janvier 1388. Cette année-là, *Gilles Tirel* présidait à Vitré le chapitre de la Magdeleine. Aux montres de gens d'armes tenues du premier jour d'avril 1380 au 1er juin 1416, comparaissent les voisins et possesseurs de ce lopin de terre qui nous occupe, les Busson, les Tirel, avec leurs futurs héritiers, les de Gennes (3).

---

(1) Voir dom Morice, *Mémoires pour servir de preuves à l'hist. de Bret.*, t. II, p. 557 (Plaintes du duc contre Olivier de Clisson et le comte de Penthièvre).

(2) L'inscription relevée par M. l'abbé Paris-Jallobert sur une pierre tombale de l'église de Dourdain atteste l'alliance contractée entre les Busson et les Montboucher.

(3) Voir dom Morice, *Mém. pour servir de preuves à l'hist. de Bret.*, t. II, col. 600, 614, 928. — 206, 246.

Entre eux tous, distinguons ce Thibaud Busson (1), vaillant défenseur de Jean V, trahi par les Penthièvre, et réunissant les détails épars chez les vieux historiens bretons (2), retraçons les circonstances dans lesquelles éclata son dévouement.

Nous sommes au mois de février 1420. Le duc se rend à Nantes pour recevoir les ambassadeurs du Dauphin. A peine est-il en cette ville, qu'Olivier de Blois y arrive accompagné de trente cavaliers. Le duc le festoye et chérit moult grandement. Le comte à son tour donne un repas au duc et le supplie « qu'il lui » plaise prendre la peine d'aller jusques à Chantoceaux, » ou sa mère et sa sœur le désirent voir et honorer. » Le duc accepte la proposition ; *n'avaient-ils pas promis de le servir et aimer comme leur prince et seigneur envers et contre tous ceux qui pourraient vivre et mourir ?*

Son départ est fixé au 12 février. Ce jour-là, « contre

---

(1) Pour constater la situation des Busson à la cour de Bretagne, consulter dom Morice, t. II des *Mémoires*, col. 831. Thibaud Busson figure au compte de Jean, abbé de Saint-Mahé, trésorier général. Il est classé parmi *les gens* de Monseigneur le duc avec Jehan de Langle et autres, col. 875, au compte de Raoullet Eder, trésorier général, Thibaud Busson est rangé parmi les écuyers du duc, col. 946, estat de la maison du duc en l'an 1417.

Consulter également le premier volume sur *la Chevalerie en Bret.*, par M. de Couffon.

(2) Le Baud, *Histoire de Bretagne*, p. 453-454, ch. XLVIII.
D'Argentré, l. II, chap. XVIII, p. 737.
Dom Lobineau, p. 542, l. I.
Dom Morice, l. I.

le vouloir de plusieurs de son conseil qui en craignaient l'adventure, » Jean V, accompagné de son frère Richard, « alla au gist, au Loroux Botereau, ne menant que peu de train afin de n'estre importun à son hôte. » Olivier de Blois laissa dans cet endroit Philippe de Triac avec quinze cavaliers et s'avança jusqu'à Chantoceaux pour donner ordre à tout. Les maîtres d'hôtel du duc et autres officiers chargés de la vaisselle d'or et d'argent le suivirent. Le lendemain le comte revint « à son dit seigneur à peu de gens et sur petits chevaux, le priant de se haster, *qu'il trouverait son diner prest et bonne chière.* »

Pour arriver au château, le duc devait passer un pont sur la Divate, charmante petite rivière formant limite entre la Bretagne et l'Anjou. Ce pont consistait en quelques poutres couvertes de planches qu'on avait eu la méchante précaution de faire déclouer. Arrivés là, Olivier et quelques-uns des siens descendirent de cheval et passèrent à pied, sous prétexte que poutres et planches étaient en mauvais état. Le duc et son frère les imitèrent de la meilleure foi du monde. Tandis qu'ils remontaient à cheval, Alain de La Lande et quelques écuyers de la suite du comte, faisant semblant de folastrer, jettèrent les carreaux du pont dans la rivière. De cela, Jean V ne fit aucun cas et en rit comme les autres, quoique la majeure partie de ses gens n'eut pas encore passé. Pendant ce prétendu badinage, Charles de Blois, frère d'Olivier, sortit d'un bois qui était proche, avec quarante lances et quelques gens de pied. Le duc, auquel on avait promis, *chasse et beaux esbattements*, fut fort surpris de voir cette troupe armée en guerre, et dit au comte : « Beau cousin, quelles gens sont ceci? » « Ce sont mes gens, répondit le comte qui, changeant subitement de ton et de contenance, mit la main sur lui et ajouta : vous êtes prisonnier de Monseigneur le Dauphin, avant de m'échapper, vous me rendrez mon héritage. » Malgré leur petit nombre, les officiers du duc voulurent défendre leur maître. Ce fut en vain. On les mit promptement hors de combat. *Jean de Beaumanoir, Robert d'Espinay et Thibaud Busson*, qui ne s'étaient pas épargnés, en sortirent fort maltraités. Thibaud y perdit un bras, comme le témoigne un mandement de justice rendu par François, duc de Bretagne, en la ville de Redon, le 23 may 1443 (1).

L'année qui précéda l'attentat des Penthièvre, nos gens avaient pu entendre, soit à la cour, soit à Vitré même, les prédications de saint Vincent Ferrier. Cet homme apostolique, après avoir séjourné dix jours à Dinan et prêché « à un peuple infini qui accourait de
» toutes parts, alla ensuite à Dol, à Antrain, Bâzouges,
» Fougères et Vitré. De cette dernière ville il se rendit
» à Rennes, où il fut reçu par l'évêque, le clergé, la
» noblesse, les magistrats, la bourgeoisie, avec tout le
» respect imaginable (2). »

Dans le temps qu'il séjourna en la capitale du duché, on raconte qu'un gentilhomme vint le trouver de la part du roi d'Angleterre. Cet envoyé avait pour mission

---

(1) Dom Morice, *Mém. de Bret.*, 1. II, col. 1360.
Mandement de justice pour Thibaud Busson, seigneur de Gazon.
(2) *Vie des Saints de Bretagne*, par dom Lobineau, p. 307.

d'engager le saint à venir trouver son maître à Caen. L'invitation fut acceptée. Peut-être Vincent avait-il conçu l'espoir d'arrêter la lutte anglo-française dont les cruels effets se faisaient sentir jusqu'aux portes de Vitré. Situés sur les marches de Bretagne, près de provinces sans cesse occupées et traversées par les troupes anglaises, notre ville et ses environs se trouvaient fort exposés aux déprédations des gens de guerre. On se souvient qu'en 1423, près de la chapelle Erbrée, les troupes de Charles VII, commandées par Jean d'Harcourt, sire d'Aumale, remportèrent au lieu de la Brossinière une victoire signalée. Les dames de Laval étaient alors en leur château de Vitré. D'Aumale leur envoya demander du secours. Sans hésiter, elles leur dépêchèrent tous les hommes d'armes dont elles pouvaient disposer, et à leur tête Guy et André de Laval.

Le 20 mars 1424, pour resister avec laide de Dieu « à ceux qui voudront nuire et porter grévance au pays breton, le duc Jean V veut et ordonne que les gens de commun de son duché, en outre les nobles, se mettent en appareil promptement et sans délai. Par chaque paroisse suivant son grand ou sa qualité, trois ou quatre, cinq, six hommes ou plus, seront choisis, garnis d'armes et d'habillements, savoir : ceux qui sauront tirer de l'arc, qu'ils aient arc, trousse, cappeline, coustille, hache ou mail de plomb et soient armés de forts jacques garnis de laisches, chaînes ou mailles pour couvrir les bras. Ceux qui ne savent manier l'arc porteront jacques, cappelines, coustilles, hache ou vouge, et avec ce, paniers de tremble ou autre bois, plus convenable qu'ils pourront trouver et soient les paniers longs à couvrir haut et bas. Pour l'exécution de ces ordres, le duc commet en Redonnais, Tristan de la Lande, capitaine de Redon ; en Rennais, le sire de Châteaugiron, le vicomte de la Bellière, Jean de Saint-Gilles, Bertrand de Montboucher ; *en Vitréais, Messire Guillaume de Sévigné, Raoul du Boschet, Robert d'Epinay.* » Cet armement ne brisa pas l'audace des Anglais. Sous la bannière du comte de Suffolk, douze cents d'entre eux coururent jusqu'à Rennes, ravageant tout sur leur passage ; d'autres parurent au pied de nos murailles en 1426 et incendièrent le fauxbourg du Rachat (1).

Nos pères avaient le caractère trop trempé pour se laisser abattre par de tels désastres. Lancés depuis six ans dans la reconstruction de l'église Notre-Dame, ils continuèrent courageusement leur œuvre ; elle s'éleva lentement, mais avec une élégance, une solidité indéniable. C'était, il est vrai, l'heure où Jean V encourageait les gens de ses bonnes villes, favorisant leur commerce et assurant au pays la continuité de leurs efforts par l'appât de distinctions aussi honorables que méritées (2).

Gouverné par le *Grand Gui de Laval*, qui compta parmi les officiers de sa maison Lucas et Michel de

---

(1) Archives de l'hôpital Saint-Nicolas de Vitré, inventoriées par M. Rosain.

(2) Lire, sur les encouragements accordés au commerce breton, la *Bretagne contemporaine*, p. 38 ; introduction historique, par A. de la Borderie.

Gennes, beaux-frères d'un Tirel, Vitré prit une large part en ce mouvement progressif, et dans ce siècle même, donna à la Bretagne deux hommes appelés à remplir d'éminentes fonctions dans l'Église et l'État. Le premier, Guillaume Brillet, issu de noble race, fut successivement évêque de Saint-Brieuc et de Rennes (1). Le second, de beaucoup le plus célèbre, appartenait à l'une de ces familles dont Jean V favorisa l'essor, familles enrichies par le commerce *possédant maisons de ville et héritages à la campagne* (2), constantes au travail, souples et hardies en leurs entreprises.

Garde robier du comte d'Étampes en 1459, « ce qui était un bon estat et sans contrôle, » Pierre Landais, à l'avénement de son maître au trône ducal, devint trésorier général, « premier office de Bretagne, tout ainsi qu'en Angleterre. » A dater de cette époque et pendant vingt-cinq années consécutives, son crédit grandit, s'affermit, s'affirme à ce point qu'il manie seul à sa dévotion les affaires non-seulement de finances, mais encore de la justice et de l'Estat.

Cette absorption du pouvoir par Landais fut-elle justifiée par la mise en œuvre de moyens supérieurs, la possession d'un génie éclatant, avéré? L'histoire va

---

(1) En 1443, l'évêque Guillaume Brillet fonda la Psallette de Rennes. (*Rev. de Bret. et Vendée*, art. sur les usages de l'ég. de Rennes, par l'abbé de Corson.)

(2) Dans l'*Armorial de Bretagne*, par P. de Courcy, nous lisons à l'article Landais :

« Le métayer de Saultogier aux enfants de Perrot Landais peut bien porter la charge d'un quart de feu. » (Réf. de 1425, paroisse d'Availles.)

nous répondre : « Landays était d'extraction peu de chose; mais audacieux, entrepreneur, impétueux, impudent et avec ce, fin et délié, propre pour bien servir un prince en grands manîments et à remuer partys, estant caut et subtil en pratique et de vray homme d'Estat (1). »

C'est la voix franchement hostile. En voici l'écho plus adouci : « Ce ministre, l'un des plus habiles politiques de son siècle, n'était point inférieur à ses destinées du côté de l'esprit. Impénétrable dans ses conseils, vaste dans ses projets, hardi dans l'exécution, infatigable dans le travail, il aurait été placé au rang des plus grands ministres, si toutes ces qualités n'avaient pas été obscurcies par un orgueil et une dureté insupportables. »

A notre sens, les deux témoignages peuvent se réduire à ces termes : « Le trésorier fut de vray, homme d'état. » C'est la vérité qui s'impose. Nous ajouterons : les ressources de son génie servirent à défendre les intérêts et l'autonomie du pays breton. « Il ne cessa de représenter à son maître qu'il devait se mettre à couvert des entreprises que Louis XI ne manquerait pas de former tôt ou tard contre le duché. » De là, ces traités d'alliance conclus avec l'Angleterre et la Bourgogne; l'appui donné aux mécontents de France. Par malheur, la faiblesse « d'un prince si baissé, qu'il ne se gouvernait que par des impressions étrangères; » l'hostilité d'une faction envieuse et gagnée au parti français devaient

---

(1) D'Argentré, *Hist. de Bretagne*, p. 903-906.
Dom Lobineau.
Dom Morice, t. II, p. 155.

rendre inutiles ses patriotiques efforts. Landays fut pendu, et le champ resta à ses adversaires. Ce fut tout ! car les signataires du traité de Montargis ne pouvaient prétendre à l'honneur. Abandonné d'un souverain « auquel il avait voué une fidélité que le cynisme de ses ennemis avait vainement essayé de mettre en doute, le vitréen demeura calme devant les affronts, et marcha au supplice après avoir mis ordre aux affaires de sa conscience. Il restera *le défenseur non pas irréprochable, mais courageux de cette nationalité bretonne, dont il emportait dans la tombe, la dernière espérance* (1). »

Au temps de sa faveur, il n'avait pas oublié sa ville natale. Le 23 juin 1467, les habitants de Vitré commençaient à réédifier le bas côté nord de Notre-Dame. En 1469, Pierre Landays fondait une des chapelles adjacentes sous le vocable de Saint-Jean-Baptiste (2), et s'y réservait un droit d'enfeu pour lui, sa mère, sa femme et sa sœur. Sept ans après, le duc se voyant en paix « à la faveur du traité de Senlis, fit venir, dès l'an 1476, les ouvriers de soie de Florence, et par lettres du 20 de mars, les établit à Vitré, leur fit bâtir un moulin et leur accorda le privilège de naturalisation pour eux et leurs familles. » Cette même année, aux états de Redon, il s'était élevé entre le comte de Laval et le vicomte de

---

(1) *Histoire des États de Bretagne*, par M. de Carné, t. I, p. 75 et 76.

(2) Voir dans les comptes rendus de l'*Association bretonne* (session de Vitré 1876), le rapport de M. Paris-Jallobert, sur les excursions archéologiques, p. 288.

Rohan, une discussion fort vive. Il s'agissait de savoir auquel appartenait la première place dans le banc des barons. Chacun des compétiteurs fit composer mémoires pour la défense de ses prétentions. Le comte de Laval, entre autres motifs, exposait que « Vitré était une ville marchande et bien peuplée (1). » L'assertion était fondée, la prospérité vitréenne ne pouvait être mise en doute. Elle se développait sous la protection de traités avantageux, conclus avec les nations étrangères. Les Tirel, les Hardy, de Gennes, Le Moyne, Ravenel et autres familles contemporaines de Landays, se vouaient au commerce maritime. Elles venaient d'établir la confrairie de l'Annonciade, dont le registre contient les comptes et ordonnances de trois siècles, et paraît un des plus précieux monuments de notre histoire locale.

Les patriotiques sentiments du trésorier étaient partagés par ses concitoyens. Les habitants de Vitré et de la baronnie ne ressentirent aucun attrait pour la domination française et le prouvèrent en pillant à plusieurs reprises les terres du Craonnais qui appartenaient au généralissime de Charles VIII. Il fallut un ordre exprès du roi pour empêcher La Tremoille de brûler nos faubourgs en guise de représailles (2).

Partie de Châteaubriand, l'armée française s'était arrêtée au pont d'Étrelles, près Vitré. Elle y campa du 30 juin au 2 juillet 1488. Le 19 du même mois, Fou-

---

(1) Dom Morice, *Histoire de Bretagne*, t, II, p. 131 et CLXI.
(2) *Louis de la Trémoille et la guerre de Bretagne en* 1488, par A. de la Borderie, p. 32, 33.

gères tombait en son pouvoir, et le 28, elle écrasait la Bretagne à Saint-Aubin-du-Cormier.

C'est à la fin de ce siècle que Jean de Gennes du Mée ouvre son registre domestique. Écrit au jour le jour, sans l'ombre de prétentions littéraires, cette œuvre décousue, mais sincère et réfléchie, offre de curieux renseignements sur les usages de l'époque, les incidents qui venaient rompre parfois la monotone existence d'une petite ville. Les esprits envieux de saisir la valeur morale des individus et des familles y découvriront encore « plusieurs de ces mots chrétiens, larges et vrais dont » nos ancêtres remplissaient leurs foyers et leurs » cœurs (1). »

Veut-il enregistrer le décès d'un parent ou d'un allié, de Gennes en précisera la date par une mention respectueuse de la fête célébrée ce jour-là par l'Église et ajoutera cette pieuse formule : « Dieu lui veuille pardonner ! » ou bien encore « Dieu ait son âme ! »

« Le dimanche onzième jour de septembre 1519,
» Révérend Père en Dieu, Monseigneur Yves, évêque
» de Rennes, donna corone à notre fils Jehan de Gennes
» et ledit jour, ledit évêque donna la confirmation à
» notre fille Gillette et à notredit fils Jehan (2). »

C'est en ces termes que le digne chroniqueur a conservé le souvenir d'une visite épiscopale du bienheureux Yves Mayeuc, « *cet humble religieux qui, malgré l'obs-*

---

(1) Extrait d'un article sur les *Familles de Vitré* inséré dans la *Bretagne* le 28 mai 1877.

(2) Dans ses notes historiques publiées dans le *Journal de Vitré* (1878), M. l'abbé Paris-Jallobert a donné *in extenso* ce passage du registre de Jean de Gennes.

curité de son extraction, n'a pas laissé d'être un des plus grands ornements de l'église de Rennes et d'honorer un siége à qui quelques-uns de ses prédécesseurs, d'une naissance illustre, ont fait beaucoup moins d'honneur (1). »

Dans l'année qui suivit son passage à Vitré, le prélat bénit comme abbesse de Saint-Georges, Roberte Busson, fille de Robert, chevalier seigneur de Gazon ; elle succédait à sa tante, Françoise d'Épinay (2). Un fils naturel de Guy XVI était alors trésorier de la Magdeleine de Vitré. Ce bâtard de Laval, nommé depuis à l'évêché de Dol, se rendit à Rome et s'y fit accompagner par Étienne de Gennes. Parmi les membres du clergé vitréen dont le mémorial de Jehan du Mée a recueilli les noms, nous distinguerons Guillaume Tirel, vicaire de Notre-Dame. Il baptise, en 1512, Jehan de Gennes et devait être frère de N. Tirel, mari de Guyonne de Gennes, sieur et dame de la Gaulayrie, terre partie noble, partie roturière, suivant qu'il est dit dans les parchemins, possédée au XVIe siècle par des familles « vivant noblement dans le sens moral du mot (3). »

Quels pouvaient être alors les détails de la vie rurale ? Comment les Tirel et autres l'entendaient-ils ? A quoi s'occupaient propriétaires et métayers ? Sommes-nous renseignés sur la nature de leurs rapports mu-

---

(1) Dom Lobineau, *Vie des saints de Bretagne*, p. 345.

(2) Sur Françoise d'Épinay et sa nièce, lire les notices insérées par M. de la Bigne-Villeneuve, à la suite du Cartulaire de Saint-Georges.

(3) Article sur les *Familles de Vitré*, publié dans le *Journal de Rennes* par M. Sig. Ropartz.

tuels? A cet égard, Jean de Gennes s'est contenté d'affirmer les habitudes de villégiature de ses contemporains sans insister davantage. Nous savons par lui que son frère Bodynais décéda en sa maison des champs, paroisse d'Erbrée. D'une façon aussi laconique, il nous apprend encore qu'il est allé nommer un enfant de son frère Guillaume et de Perrine Hardy, né au manoir de la Mazure, paroisse de Châtillon. Voilà bien le cadre, où trouver le tableau? Il existe et c'est un Breton qui l'a tracé, breton de ce siècle pratiquant la vie champêtre à dix ou douze lieues de Vitré. La peinture est vivante, originale, plaisante de tous points. Jugez plutôt. Voici le métayer en scène! « Il part aux champs, chantant
» à pleine gorge, y goûter le passe-temps de mille
» oiseaux, les uns gazouillant sur la haie, les autres
» suivant la charrue pour se paistre de vermets qui
» yssent de la terre renversée.

» Autrefois, la vouge sur l'épaule et la serpe brave-
» ment passée à la ceinture, il se pourmènera à l'en-
» tour de ses champs voir si les chevaux, vaches ou
» porcs y ont point entré, pour avec des épines, reclore
» soudain le nouveau passage, et là, cueillera pommes
» ou poires à son aise, tastant de l'une, puis de l'autre,
» et le reste qu'il ne daigne manger, il le portera aux
» villes vendre et de l'argent en aura quelque beau
» bonnet rouge ou un couteau de bonne façon (1). »

Suivi parfois des enfants du maître qui se dérobent pour l'aller joindre, il leur fera « un moulinet, une fluste

---

(1) *Propos rustiques de Noël du Fail*, texte original de 1547, avec introduction et éclaircissements par A. de la Borderie, p. 30, 31.

d'escorce de chateigner, une ceinture de jonc ou bien une petite arbaleste, puis sa tasche accomplie, reviendra des champs aux rais de la lune, jasant librement avec ses voisins de quelque bagatelle, contant des nids d'antan, des neiges de l'an passé, satisfait qu'il est de sa fortune et du mestier dont il peut honnêtement vivre. »

Que dites-vous du portrait, ami lecteur, est-ce assez réussi? Je gage qu'il vous prend envie de poursuivre? A vos ordres. Après avoir vu les fermiers, cherchons ensemble les maîtres. Vous les trouverez « travaillant
» de leurs serpes et faucilles, rebrassés jusques au
» coulde, couppant, tranchant, essargottant leurs jeunes
» arbrisseaux, selon que la lune qui besongne plus ou
» moins en ces bas et inférieurs corps le commande.
» Aux jardins, ils dressent l'ordre de leurs plants,
» règlent le quarré de leurs allées, tirant ou faisant
» écouler les eaux, accomodant les mouches à miel et
» se courrouçant d'un pied suspendu en l'air et attentif
» contre taupes et mulots qui leur causent tant de mal.
» Aux bois, ils vont surveiller l'exhaussement de leurs
» fossés, mettre à la ligne leurs pourmenoirs et ce
» faisant, ne laissent pas d'écouter cent musiques
» d'oiseaux et les contes de leurs ouvriers (1). »

Ajoutez certain temps passé à la chasse ou à la pêche, « quelque heure employée à la lecture de bons livres
» et avant tout des prières à ce haut Dieu pour que la
» journée se passe sans l'offenser ni le prochain, »
vous aurez un ensemble qu'un amateur de plaisirs purs et vivifiants ne dédaignera jamais.

---

(1) Contes d'Eutrapel, ch. xxxv.

Tirel et sa femme Guyonne de Gennes menèrent semblable vie. Un mémoire du XVIe siècle nous apprend qu'ils eurent pour fils Michel et Pierre. Le premier embrassa l'état ecclésiastique, puis devint chanoine de la Magdeleine. Chemin faisant, nous le retrouverons trésorier de ce célèbre chapitre. Pierre se maria. Les documents contemporains permettent de le ranger au nombre de ces commerçants qui s'en allaient *es pays estranges* porter leur industrieuse activité, restant Bretons et prêts quand viendrait l'heure du retour à chanter avec le poëte :

Heureux qui comme Ulysse a fait un beau voyage,
Ou comme cestuy la qui conquist la toison
Et puis est retourné plein d'usage et raison
Vivre entre ses parents le reste de son âge.

Quand revoyrai-je, hélas, de mon petit village,
Fumer la cheminée et en quelle saison
Revoyrai-je le clos de ma pauvre maison
Qui m'est une province et beaucoup davantage.

Plus me plaist le séjour qu'ont basty mes aieulx,
Que des palais romains le front audacieux,
Plus que le marbre d'or me plaist l'ardoise fine,

Plus mon fleuve breton que le Tibre latin,
Plus mon petit Vitré que beau pays lointain,
Plus qu'orangers en fleurs le plant de ma rabine (1).

(1) Les regrets de Joachim du Bellay (sonnet XXXI). Nous avons modifié ces trois derniers vers :

Plus mon Loyre gaulois que le Tybre latin,
Plus mon petit Lyré que le mont Palatin,
Et plus que l'air marin la doulceur angevine.

Entre autres enfants, Pierre Tirel eut une fille qu'il maria en 1569 à Gilles de Gennes des Hayers. La terre de la Gaulairie fut la dot de l'épousée, et pendant plus d'un siècle et demi à partir de cette date, elle demeura aux mains des de Gennes qui s'intitulèrent sieurs de la Gaulairie. Cette famille valait les Tirel, et c'est son histoire qui fera l'intérêt de ce livre. Dès le XIe siècle, Jean de Gennes figure comme témoin d'un acte signé de Gautier de Pouancé (*cognomine oditus*), de Basilia sa femme, d'Emma sa fille, de Gautier et de Godefroy ses fils. Au XIVe siècle, Philippon, Jehan et Pierre de Gennes sont aux armées (1). Au XVe, leurs descendants jouissent de la confiance des barons de Vitré (2). Les mettre fort au-dessus de ces anoblis des XVIIe et XVIIIe siècles qui, moins de cent ans après l'obtention de leurs chères lettres, rêvaient parfois d'ancêtres aux croisades et de cent sottises pareilles, c'est agir à coup sûr. Les égaler à la noblesse du XVe siècle, c'est à peine leur rendre justice.

---

(1) Voir dom Morice, vol. de Preuves.

(2) Guy de Gennes, nommé par le comte de Laval, s'établit à Thouars. Ses descendants s'allièrent aux Tillier et Greffier, familles considérées en l'élection de Saint-Maixent (Voir le journal de Guill. Le Riche).

Jacques de Gennes fut conseiller et procureur du roi au présidial de Poitiers, maire de cette ville. Il avait épousé Marie Thoreau d'Assay, fille d'un trésorier de France et nièce de Mathieu Thoreau, évêque de Dol.

II.

« Comme le soleil ne se montre à la Bretagne qu'après s'être levé sur les autres provinces qui sont toutes à son orient, et qu'elle s'avance loin dans la mer vers l'occident où elle fait un des bouts du monde les plus reculés de ce côté-là ; de même l'Évangile se faisant voir de nouveau dans les derniers temps, a premièrement étendu sur l'Allemagne sa pure lumière, de là sur la France, et la Bretagne, après tous, a eu le bien d'être éclairée de ses rayons salutaires (1). »

Ainsi parle Philippe de Crevain, arrière-petit-fils d'André de Coisnon, sénéchal de Vitré. Ce soleil et sa pure lumière, c'est le protestantisme ! Combien peu, hélas ! devaient se réchauffer à ses rayons salutaires ! « Mais il se peut faire que la stupidité des peuples de ce pays a été la cause, en partie, que la vérité divine y a été embrassée si tard, car la superstition y avait pris de si fortes racines qu'on ne l'en a arrachée qu'avec beaucoup de peine et en peu de lieux, même encore aujourd'hui elle y est défendue plus qu'en aucun autre lieu de la France. » Nos réformateurs contemporains diraient-ils plus, diraient-ils mieux ? Les paris sont ouverts.

Quoi qu'il en soit de notre bretonne stupidité, nous écrirons qu'en France le protestantisme fut un fléau aussi terrible que mérité.

---

(1) *Histoire ecclésiastique de Bretagne*, par Philippe Le Noir, sieur de Crevain, éditée par Vaurigaud, p. 5.

« La société française était fondamentalement catholique. Depuis le roi jusqu'au serf tout était lié hiérarchiquement par la religion. Le catholicisme était l'âme de la famille, de la cité, de la nation. Il s'était profondément insinué dans toutes les veines du corps social. Il était pour le peuple la sanction du passé et de l'avenir, la garantie de tous les droits, la source de toutes les jouissances; il était la vie entière. Lois, mœurs, actions, pensées, arts, cérémonies, foyer domestique, existence publique, tout était imprégné de catholicisme (1). »

Ce dire d'un écrivain peu suspect de fanatisme peint admirablement la France telle que l'avait faite et voulue saint Louis. Est-il applicable en son entier à la France du XVIe siècle? Non, il est des différences assez nombreuses et assez frappantes pour expliquer la brèche ouverte à notre flanc par le protestantisme. Depuis le XIIIe siècle, les légistes sont nés et ont fait leur œuvre. Le saint roi avait proclamé l'autorité suprême de Dieu, auquel peuples et souverains doivent être soumis. Il avait recommandé de maintenir les bonnes coutumes, de corriger les mauvaises, de défendre les franchises, de se garder de trop grandes convoitises.

Les légistes, eux, proclameront la formule césarienne : « Si veut le roi, si veut la loi. » On les verra « poursuivre et condamner juridiquement les libertés des cités et des communes, patrie de leurs pères, boulevard de leur nation contre toutes les tyrannies. » Actifs instruments de la monarchie absolue, « ils prou-

---

(1) *Histoire des Français*, par Lavallée, t. I, p. 560.

veront bientôt au roi que tout lui est permis, » inaugurant ainsi ce règne du bon plaisir que Louis IX avait repoussé de toutes les forces de son âme chrétienne et française.

Former une église gallicane, c'est-à-dire faire du clergé le servile instrument du despotisme, telle fut la première préoccupation des légistes. Le dessein avait sa hardiesse et son habileté : l'Église asservie, les peuples ne pouvaient tarder à l'être. Que le sens chrétien, le sens moral, le sens artistique même aient souffert et se soient oblitérés sous l'empire de ces aspirations, personne ne s'en étonnera. On verra avec douleur, mais sans grande surprise, un roi s'intituler très-chrétien et s'allier au grand Turc (1); recevoir l'ordre de la Chevalerie et donner à son peuple le spectacle des mœurs les plus licencieuses; un prince de l'Église protéger et donner une cure à l'auteur d'une œuvre littéraire, ainsi appréciée par M. Guizot : « Nul livre, nul tableau, nulle conversation, nul récit imprimé, ne sont plus grossiers, plus cyniques, et n'attestent, soit dans l'auteur, soit dans le public auquel l'ouvrage est destiné, un plus complet et plus habituel dévergondage d'imagination, de mœurs et de langage (2). » La même main signera l'arrêt de mort des réformés Français et des traités d'alliance avec les protestants d'Allemagne.

(1) La politique obligeait François Ier à rechercher l'appui des protestants d'Allemagne contre Charles-Quint. Il flottait sans cesse entre cette politique et la politique strictement catholique. (Guizot, *Histoire de France*, t. III, p. 196.)

(2) *Histoire de France*, par M. Guizot, t. III, p. 160.

Lorsque la cour offrait ces étranges anomalies, que devenait le gros de la nation ?

« La plus grande part des évêques, abbés, prieurs et curés n'étaient prêtres, ni initiés pour l'être et si n'avaient la volonté de l'être. Un homme seul tenait un archevêché, un évêché et trois abbayes ensemble... Aultres avaient des sept, huit, douze cures à la fois, et tant plus tant mieux. C'était à qui en pourrait avoir, sans beaucoup se soucier des services et charges, pourvu qu'ils se fissent paraître magnifiques en banquets, équipages ou autres vaines parades, en rien plus sobres de bouche que les séculiers, sans en dire davantage.

» Plusieurs étaient hérétiques et ne se préoccupaient de la robe de Jésus-Christ, ni des âmes qui lui ont coûté la vie jusqu'à la dernière goutte de son sang (1).

» Tout ainsi que l'estat de l'Église se portait mal en tout et partout, ainsi se portaient mal les autres états. Car quand le chef est malade, le reste du corps n'est pas mieux à son ayse. »

« L'estat de noblesse et le tiers état étaient aussi corrompus que l'église, touchant les bonnes mœurs. Les gentilshommes commencèrent à être avaricieux, infidèles, envieux et ravisseurs du bien d'autrui, ennemis de la prospérité de leurs sujets et oppresseurs du

---

(1) Ce tableau de la société française est tracé : 1° d'après les mémoires de Claude Haton, prêtre de l'église de Provins, publiés par M. Bourquelot, professeur à l'école des chartes, c. LXI, t. I; 2° d'après les mémoires du chan. Moreau, conseiller du Présidial de Quimper, publiés par M. Le Bastard de Mesmeur, p. 342-343.

peuple... En Bretagne, ils se réputaient efféminés et sans courage s'ils n'ornaient leur langage de tous les genres de blasphèmes qu'ils se fussent pu aviser. Celui qui savait le plus habilement jurer par tous les membres, bien renier et massacrer, était réputé bon gentilhomme d'honneur et de courage ; et à celui-là ne fallait pas se frotter sans se ressentir. De plus, l'ivrognerie régnait d'une si grande fureur, que cela faisait horreur de voir ainsi prodiguer les biens que Dieu donnait aux hommes pour leur usage. Lorsque nos gentilshommes s'entrehantaient aux villes et bourgs, les uns chez les autres, il fallait faire estat de tant boire, que toute la compagnie ou partie demeurassent sur le carreau. » De là, querelles (1), vengeances, fornications et adultères. En quoy les nobles se sont plongés au grand mépris de leur honneur et salut de leurs âmes. « Car *au temps passé, les gentilshommes estaient loués à cause de*

---

(1) On réputait pour habile et digne de louanges, qui mettait un homme par terre à coup de verre. Telles débauches engendraient souvent des querelles qui enfantaient des meurtres sur-le-champ, comme on voyait presque tous les jours par expérience, et je puis bien dire avec vérité avoir vu depuis vingt-huit à trente ans, plus de quatorze à quinze meurtres de gentilshommes de cette basse-Cornouailles, tous chefs de maisons, sans comprendre plusieurs autres de moindre qualité, comme cadets, serviteurs et semblables.

(*Chânoine Moreau*, Histoire de la Ligue en Bretagne, *et particulièrement dans le diocèse de Cornouailles, notes et préfaces par M. Le Bastard de Mesmeur, p.* 342.)

Du lundy 12 jour de mars 1592, le sieur de Boisjouan, frère de

leurs vertus et des bonnes mœurs qui estoient en eux. Ils étaient religieux, dévots, pitoiables des pauvres, hospitaliers envers les passants et peregrins, consolateurs des veuves et de tous affligés. Les *premiers à l'église humbles devant Dieu, défenseurs de son honneur, amateurs de gens de bien,* protecteurs des clercs, et payant bien leurs dixmes et offrandes, pour lesquelles œuvres ils étaient sur tous les autres états, préférés et par iceux, craints, redoutés et *encore mieux* aimés, chacun diceux suivant son mérite. *Leur honneur et vertu estoit un éperon pour estallonner le reste du peuple et les simples gens à être prudents et vertueux.*

» Le tiers état n'a pas moins décliné des bonnes mœurs que les deux estats susdits de l'église et de la noblesse. Les gens des villes et villages sont devenus orgueilleux, querelleurs et oisifs, superbes en paroles, gestes et maintiens, avaricieux et trompeurs, la plupart

---

M. de Brie, tua d'un coup d'épée le sieur de la Fontaine du pays de Poitou ; leur différent arriva en jouant à la paulme.

(Pichart, col. 1727).

Le dimanche 4 août 1596, le même Boisjean tua, au bourg de Retiers, maistre Arthur Pinson, sieur de la Roche.

(Col. 1750).

Duel entre les sieurs de Kersemas, de la maison de Tremigon, et le baron de Tissue (Col. 1717, *Journal de Pichart*).

Le mardi, 11 jour de septembre 1590, écuyer Robert de la Bourdinaye, sieur dudit lieu, fut pris prisonnier et accusé d'avoir tué le sieur de Couedit Pibon, avec lui, Guy Robert, sieur de Saint-Gaudren, un cousin-germain. Ils furent condamnés et exécutés le 6 octobre 1590.

Pichart, D., col. 1719).

usuriers et faiseurs de pauvres gens, parasites et friands, blasphémateurs du nom de Dieu, à l'exemple des gentilshommes, *pompeux en habillements et curieux de novelles façons. Les gens de villes se sont volus habiller, hommes et femmes, à la façon des gentilshommes, les gentilshommes aussi somptueusement que les princes, les gens de village, à la manière des bourgeois des villes* (1). »

Les eaux étaient assez troubles pour que l'esprit mauvais y jetât hardiment ses perfides engins. Comme aides en cette tâche, il trouva gens de réel mérite, assez orgueilleux pour se croire appelés au rôle de réformateurs, trop débauchés pour tenter de se réformer eux-mêmes.

La pêche fut fructueuse, les mailles du filet arrêtèrent plusieurs prêtres et moines, quelques évêques désireux de prendre femme (2), bon nombre de princes

---

(1) Moreau dit de son côté : « Et pour le regard du tiers état, et entre autre de la populace, encore que ce soit la vocation la plus innocente, si on la compare aux deux autres, néanmoins la longue paix dont ils avaient joui l'espace de plus de deux cents ans, les avait mis si à leur aise, qu'ils méconnaissaient leur condition et se trouvaient plusieurs d'eux mieux logés et ameublés que beaucoup d'autres de qualités plus rélevées. »

(2) Odet de Coligny, cardinal de Châtillon, embrassa le calvinisme, se maria et mourut en Angleterre empoisonné par son valet de chambre.

Jacques-Paul Spifames, évêque de Nevers, entraîné par les erreurs de Calvin et par l'amour d'une femme qu'il entretenait, se retira à Genève en 1559.

Un des premiers qui se déclara pour l'hérésie de Calvin fut Ponthus de Saint-Georges, de la maison de Couhé-Vérac et abbé de Valence, que l'amour du libertinage corrompit, et se

et grands seigneurs très-aises de payer leurs dettes et de refaire une fortune avec l'or des vases sacrés, reliquaires et autres emblèmes de la superstition romaine; puis, comme fretin, cette multitude habituée à suivre le courant, séduite par l'attrait de la nouveauté, grisée par le mot Réforme, scandalisée d'ailleurs par les exemples du clergé et de la cour, et somme toute, ravie par la simplicité d'une doctrine qui supprimait la messe et la confession.

A cette même époque que la garde de l'unité religieuse et sociale de la France soit aux mains d'un enfant, la tutelle de cet enfant à la femme ambitieuse dont nous connaissons la machiavélique maxime : « Diviser pour régner, » nous verrons alors le pouvoir vivre d'expédients, s'inspirer uniquement des circonstances, et pour voiler sa faiblesse, recourir au massacre et à l'assassinat.

Qu'à cette minorité désastreuse vienne à succéder le règne d'un prince frivole et voluptueux,

> *Ayant ras le menton, gardant la fasce pâle,*
> *Le geste efféminé, l'œil d'un Sardanapale,*
> *. . . . .*
> *Le visage de blanc et de rouge empasté,*
> *Tel qu'au premier abord chacun estoit en peine*
> *S'il voiait un roy femme ou bien un homme reyne* (1);

maria avec une religieuse qui estoit de même pervertie, depuis lequel temps la maison de Couhé a esté et est encore un des principaux asyles de l'hérésie, d'où elle se communique en la ville et campagne de Saint-Maixent, qui n'en est éloignée que de quatre lieues.

(*Journal de Guill. Le Riche, avocat du Roi à Saint-Maixent, p.* 16.)

(1) Voir d'Aubigné, *les Tragiques*, éd. Lemerre, p. 94.

Qui pourrait s'étonner des honteux et inévitables excès dont est remplie l'histoire du XVIe siècle? N'est-ce pas merveille que Dieu ait daigné sauver un pays déchiré par ses propres enfants, ravagé par les reîtres, les Anglais, les Espagnols, commandé par des maîtres indignes de comprendre et d'appliquer les principes d'un gouvernement chrétien?

Ceci posé en guise de considérations générales, revenons au pays de la superstition, c'est-à-dire en Bretagne... L'exemple et l'influence des Coligny, des La Trémoille et des Rohan, y firent pénétrer et quelque peu grandir le protestantisme; c'est chose avouée ! L'église de la Roche-Bernard s'éleva à l'ombre de la Bretesche, celle de Blain au pied du château féodal (1). Vitré fut la place forte du nouvel évangile, « la première église pour la sûreté et surtout pour la multitude, celle qui a le mieux résisté dans les temps les plus orageux, comme ceux de la ligue et autres (2). » Dès 1560, on la dit dressée et pourvue d'un ministère réglé qui baptise, marie et prêche au nom et par la grâce de Calvin (3). Les premiers néophytes vitréens appar-

---

(1) « A l'entrée de cette année 1559, l'église de Rennes avait trois annexes : le Bordage, la Magnane et la Corbonnaye. » *Trois résidences seigneuriales !*

(2) Crevain, p. 16.

(3) De Genève vinrent en Bretagne : « Maistre Gaspart Carmel, ministre de Neufchâtel, mari de la nièce de M. Guillaume Farel. » C'était, au dire de Calvin, un homme capable d'édifier l'Église en bonne simplicité et droicture.

Pierre Loiseleur, seigneur de Villiers, retiré à Genève et lié d'amitié avec Th. de Bèze.

Bachelard, dit Cabannes, originaire d'Aix en Provence, en-

tiennent à la haute bourgeoisie, à la meilleure noblesse. On a pris la fleur du panier ! Les de Gennes, Hardy, Ravenel, Le Moyne, les Hay, de Couaisnon, de la Chevalerie, se coudoient aux réunions nocturnes tenues après la déconvenue d'Amboise (1). Malgré le zèle de ce troupeau choisi, le rassembler était parfois chose très-difficile. « Il n'y avait pas presse à qui prêterait sa maison pour recueillir l'arche, chacun craignant d'être recherché. » Et voilà comment il se fit que l'enfant d'un certain capitaine Biard (2), arrêté depuis à Angers comme agent actif du parti huguenot, fut baptisé dans la maison d'un chanoine de la Magdeleine. Cette habitation, sise en vieille rue, était en réparation. Les menuisiers y travaillaient de jour pour la meubler, et de nuit elle restait ouverte et libre. Le propriétaire n'était autre que messire Michel Tirel, dont le neveu Pierre Tirel, les alliés Pierre de Gennes et Gilles sieur de la Gaulairie, devaient passer au protestantisme avec femmes et enfants.

Dans ces familles habituées à suivre la fortune des comtes de Laval, l'hérésie prenait pied plus facilement.

---

voyé en France par l'Église de Genève, premier pasteur de Nantes.

Baron (François), fit à Genève ses études théologiques et fut nommé ministre du Croisic en juin 1562.

Merlin fut lecteur en hébreu de l'Église de Genève.

(1) Les meilleurs soutiens de la Renaudie étaient les Bretons Montejan et ce Ferré de la Garaye accusé en 1555 d'avoir bruslé les images de sa chappelle.

(2) En mai 1559, on l'arrêtait à Angers, « transportant des armes à charges de cheval et ayant des lettres importantes. »

Le seigneur en faisant profession ouverte; sa maison, depuis les trésoriers, secrétaires, jusqu'aux cuisiniers et concierges inclusivement (1), se trouvait composée de protestants. Comment résister à ce puissant exemple doublé de séduisantes promesses ? Pouvait-on se résigner à vivre en dehors de l'intimité seigneuriale, à ne plus jouir d'emplois honorables et lucratifs? N'était-ce pas d'ailleurs assez flatteur pour l'amour-propre de former un petit cénacle, le peuple choisi dont la partie féminine se disputait les noms héroïques et poétiques de l'Ancien Testament? Certes, Sara, Judith, Débora, Rachel, Suzanne, Esther, Abigaïl (2) sonnaient mieux

(1) Le 21 novembre 1581, Claude Carré, cuisinier de M. de Rieux, épousa Perrine Gaulard.

Jolitemps, maître d'hôtel de M. de Laval, tué par les ligueurs près du Mesnil, allant à Espinay. 8 nov. 1591.

En 1650, le 2 octobre, le décès de Girard Gabron, concierge du château, est enregistré par les ministres protestants.

Marc-Antoine Guymeleu, sieur de la Perrière, meurt concierge du château et protestant, le 18 août 1658.

Jean de Gennes de la Brosse, trésorier général de M. de Laval, présente Marie Nouail, fille du sieur de Cohigné, 16 octobre 1580.

Écuyer André Couasnon de Lorgerie, sénéchal de Vitré, fait baptiser sa fille Esther par le ministre du Fossé, etc., etc.

François Gendres, argentier de Mgr le comte de Laval, épouse Françoise Guesdon en juillet 1579. (ext. Prot.)

(2) Sur les registres de l'église protestante conservés au greffe de Vitré, nous trouvons :

Abigaïl de Launay, Esther de Couasnon, Sara Le Lymonier, Rachel Le Moyne, Suzanne Le Fort, etc.

Isaac Hay, Jérémie de Marcille, Israël Billon, Daniel Chevallerie, Gédéon Hardy, Abraham Hardy, Nathaniel de Lépine, Samuel Le Moyne, Cyrus Jortin.

aux oreilles que Michelle, Perrine, Jacquine, Georgette ; et lorsqu'un homme avait le bonheur de s'appeler Abraham ou Gédéon, Samuel ou Jérémie, sans parler de Daniel ou même Cyrus, il avait quelque droit à prétendre soit au destin des grands hommes, soit à l'inspiration des prophètes.

Ces divers motifs d'attraction ne réussirent pas à ébranler tous les cœurs. Il y eut dans les familles en question de notables et courageuses résistances. Toutefois l'union était brisée ; ce fut le plus clair résultat du protestantisme. Ne nous parlez pas de tolérance, de liberté de conscience, vieilles rengaines à l'usage de ces folliculaires effrontés qui écrivent l'histoire comme on écrit un roman ou un pamphlet. Calvin, en faisant brûler Servet, décapiter Gruet, condamner Gentilis, se souciait-il de la liberté ? « Il nous apparaît comme le champion de l'intolérance, comme le promoteur d'une théologie essentiellement étroite et exclusive... Nous le voyons renverser les libertés du petit État qui l'avait si généreusement accueilli, sous prétexte, selon l'expression de Bèze, qu'il avait besoin du frein et de l'éperon, exilant ses plus nobles patriotes ou faisant couler leur sang. Nous le haïssons personnellement pour son bigotisme, son inhumanité, ses rancunes, et nous concluons que sa carrière a été funeste à la civilisation, aux arts, à la liberté (1). »

Qu'on se rassure, ce beau portrait n'est pas l'œuvre

---

(1) Extrait de *Westminster Review*, organe des libres penseurs d'Angleterre.

Calvin défendait à tous citoyens tout usage d'or et d'argent en

de mains catholiques. A l'exemple de leur grand prêtre, les calvinistes de Vitré se préoccupèrent peu d'être tolérants. Maîtres de la ville en 1589, ils chassèrent les catholiques et s'en allèrent massacrer les paysans d'Étrelles.

L'erreur n'a pas de droit. Catholiques et huguenots partaient de ce principe pour réclamer l'appui du bras séculier (1). L'histoire des églises de Bretagne en offre

---

profilures, broderies, passements, filets ou autres, tels enrichissements d'habits en quelque sorte et nature que ce soit.

Le 20 mai 1537, une épouse étant sortie un dimanche les cheveux plus abattus qu'il se doit faire, ce qui est d'un mauvais exemple et contraire à ce qu'on évangélise, on fit mettre en prison la maîtresse, les dames qui l'ont menée et celle qui l'a coiffée.

Une autre fois, un homme surpris jouant aux cartes est exposé au pilori avec le jeu autour du cou.

Un autre, qui avait organisé une mascarade, est contraint de demander pardon à genoux devant la congrégation.

(Extraits de la même revue anglaise.)

(1) Au fond, protestants et catholiques, n'acceptaient ni les uns, ni les autres, leur liberté mutuelle. Non-seulement les uns et les autres se croyaient en possession de toute la vérité religieuse, mais ils se croyaient aussi en droit de l'imposer par la force à leurs adversaires. (Guizot, t. III, p. 388.)

Là où ils étaient les plus forts et où ils avaient soit des vengeances à exercer, soit des sécurités à prendre, les protestants n'étaient pas plus patients ni plus humains que les catholiques. A Nîmes, en 1567, ils préparèrent et accomplirent dans la ville et dans les campagnes environnantes un massacre dans lequel périrent 192 catholiques. Plusieurs églises ou maisons religieuses furent ravagées ou même détruites. Commis le jour de la Saint-Michel, ce massacre fut appelé la Michelade.

(Guizot, *Histoire de France*, t. III, p. 195.)

une preuve sans réplique. Parmi les premiers prédicants envoyés aux Bretons figure Jean Bonneau, « natif de Beaugency, homme de bien et de grand savoir, mais se laissant aller à cette opinion qu'il n'est pas permis aux magistrats de punir les hérétiques. » Aussitôt, grand émoi ! « Pour remédier à ce mal, il se tint à Beaugency une assemblée consistoriale assez extraordinaire où étant appelé et ouï, le contraire de son opinion lui fut montré par de si fortes raisons fondées sur la parole de Dieu, que sur-le-champ et franchement, sans contrainte aucune, Bonneau se défit de ses sentiments, et souscrivant de sa main à la vérité qu'il avait combattue, fut peu après envoyé en Bretagne pour le ministère (1). »

Jean Bonneau n'a pas laissé trace de son zèle. En revanche, ses contemporains et collègues du Fossé et Mathurin L'Houmeau, dit du Gravier, eurent à Rennes, à Vitré et autres lieux, des succès soigneusement enregistrés par les historiens protestants. Le premier, Breton d'origine, était, suivant Crevain, « un digne personnage dont le Seigneur se servit grandement pour faire son œuvre en sa propre patrie, où il a été comme un évangéliste contre la maxime que nul n'est prophète en son pays. » Le second, venu du Poitou en Bretagne, faisait le voyage de Vitré tous les quinze jours, y séjournait quarante-huit heures, « pendant lesquelles il donnait deux prêches, mais de nuit seulement, n'arrivant à Vitré qu'à la brune au soir et n'en partant que fort matin, afin qu'on ne le connût point et qu'on ne pût faire insulte ni à lui, ni à aucun du troupeau

(1) Voir Crevain, p. 21.

naissant. » Isaac Hay, Jérémie de Marcille, Anne de la Chevalerie reçurent le baptême de ses mains. Anne Chevalerie était fille d'Amory et de Catherine Ravenel. Elle fut présentée par Jean Hay, sieur du Plessix, le 5 janvier 1561. Au mois de septembre suivant s'ouvrait le fameux colloque de Poissy. Chose assez bizarre, pour représenter la Bretagne, nous y trouvons un ministre appelé le Baleur ou Dubois, congédié en 1560 par ceux de Vitré, « ne pouvant plus dissimuler le mécontentement qu'ils avaient de sa personne et de son ministère. » Dans le même temps, à un jour de distance, le premier synode de Bretagne se réunissait en la ville de Châteaubriant. Un Angevin s'y présenta au nom de l'église vitréenne. C'était M. de Mondonnay ou Coulaines, « second pasteur de Vitré, quant à l'ordre de la succession, mais qui, pour le mérite singulier et rare, peut être appelé premier en comparaison du sieur Dubois qui avait servi avant lui. »

Ce bon personnage jouissait d'une telle réputation que tous témoignaient le plus vif désir d'entendre ses prédications apostoliques. *En ce temps de la naissance de l'Église durant les séditions des peuples et les rigueurs de la justice,* le difficile était de trouver un lieu sûr et commode pour recueillir l'assemblée. Nos gens y réussirent cette fois au delà de toute espérance.

Ils découvrirent un jeune homme déjà quelque peu touché des vérités huguenotes, vrai modèle de respect et de piété filiale. Cet intéressant néophyte offrit sa maison pour un dimanche matin, pendant que sa mère serait occupée à ses dévotions. Au jour et à l'heure assignés, la compagnie, avertie par les anciens et les plus zélés de la ville, ne manque pas de se trouver au rendez-vous. On se range dans une vieille salle planchéiée de bois qui était sur le derrière, à la reculée, de peur que la voix du ministre ne fût entendue des voisins et de ceux qui passeraient dans la rue. Les portes closes et toutes précautions prises, Mondonnay commence son exhortation. Il est écouté avec le plus grand respect. Tout à coup, au beau milieu du discours et du plus profond silence, un craquement se fait entendre, le plancher s'enfonce dans la cave, entraînant avec lui « tous ceux de la compagnie qui tombent les uns sur les autres, excepté le ministre et la petite table où était la Bible devant lui, ne tenant plus, ô merveille ! qu'à deux pieds (1) ». Il est aisé de se figurer l'ébahissement du pauvre ministre contemplant ce désastre général et ses efforts pour retirer ses ouailles du fond de l'abîme. « Par un grand bonheur, en ce fâcheux accident, aucun ne fut tué... Des gens robustes enveloppés dans cette chute redressèrent le plancher, tant bien que mal, » pendant que, plus ou moins confus ou contusionnés, chacun regagnait son domicile. Philippe de Crevain s'est bien gardé de nommer les héros de cette tragique aventure. A l'aide des registres de l'église réformée pour les années 1560, 61 et 62, il serait facile de reconstituer l'infortuné troupeau.

Mais les premières lueurs de l'aube et les ombres du crépuscule ne pouvaient suffire au parti huguenot. Il avait hâte de se produire au grand jour. A l'époque où nous sommes, sur tout le sol français, il est orga-

---

(1) Voir Crevain, p. 100-101.

nisé (1), prêt à marcher au premier signal. Ses chefs, ses émissaires sont choisis, ses armes et munitions rassemblées, ses subsides recueillis. Pour un soulèvement général, il ne faut qu'une occasion, qu'un prétexte. La rixe de Vassy vint offrir l'une et l'autre. Dans cette petite ville de Champagne, une lutte s'engagea entre l'auditoire d'un prédicateur réformé et la suite du duc de Guise. « Averti pendant qu'il était à table, ce prince se leva, alla sur le lieu, trouva les combattants fort échauffés, reçut lui-même quelques coups de pierre au visage, et lorsque le combat cessa, quarante-neuf personnes avaient été tuées, presque toutes du côté des protestants. » Ceux-ci, continue M. Guizot, se plaignirent ardemment. Condé offrit en leur nom cinquante

---

(1) Le 13 du mois de mai 1559, Dugravier arriva à la Fonchaye où devaient se rencontrer avec lui plusieurs gentilshommes et autres personnes ayant charge dans l'Église. On s'y promit un mutuel secours et on décida qu'en chaque province quatre gentilshommes seraient choisis, auxquels on communiquerait les affaires de la religion. Ces gentilshommes devaient conserver leurs fonctions pendant six mois, après lesquels on en élirait quatre autres. Les réunions devaient se faire dans quelque bourg sous prétexte d'accorder deux gentilshommes ; un ou plusieurs pasteurs devaient aussi y assister, les ouvrir et les clore par la prière. *Dufossé fut chargé d'aller en Normandie communiquer ces résolutions et d'amener les deux provinces à s'entendre et à faire cause commune.*

(*Vaurigaud*, t. I, p. 42.)

Le 17 juin de ladite année, il y eut un synode provincial à Caen, auquel assistèrent, pour la Bretagne, Dugravier et Mesmenier-Ecouflart.

(T. I, p. 45.)

mille hommes pour venger les quarante-neuf, tandis que son frère le roi de Navarre excusait le fait et soutenait hautement « que ce que le duc de Guise avait fait, » il l'avait pu justement faire et que s'ils avaient été si » maltraités, leur insolence en avait été cause (1). »
Les réformés ne furent pas de cet avis, et avec un terrible ensemble se jetèrent en bêtes fauves sur les populations catholiques. En avril 1562, préparés de longue main par les prédications de Salverte et de Merlin, ils envahissent la cathédrale du Mans et brûlent les reliques avec la plupart des titres de l'église, profanent les hosties, renversent les autels et détruisent les tombeaux, hormis cependant ceux de Charles comte du Maine et de Langey du Bellay; de là, les fanatiques vont aux Jacobins, prennent l'argenterie, dévastent la bibliothèque; courant ensuite au couvent des Cordeliers, ils en font la proie des flammes (2).

A Caen, excitée par le ministre Cousin, la rage calviniste dévaste et ruine les églises de fond en comble : « images, statues, ornements, livres, chaires, orgues, » vitraux peints, tout fut de suite brisé, détruit, brûlé » ou pillé (3). »

A Bayeux, mêmes déprédations, « environ le 12ᵉ jour de mai 1562, les sieurs d'Aigneaux et de Coulombières-Bricqueville, avec grand nombre de gens portans armes tant de cette ville, de la ville de Caen, que de

---

(1) Voir le *Journal de l'Estoile*, t. I.

(2) *Essai sur la statistique de l'arrondissement du Mans* par Th. Cauvin.

(3) *Histoire de la ville de Caen*, par Frédéric Vaultier.

Saint-Lô et autres lieux soy disant de la religion reformée, après avoir assiégé et pris le château de cette ville de Bayeux avec grande furie, entrèrent en l'église cathédrale à son de tambour. »

Voilà, certes, une entrée qui promet; la suite ne peut manquer d'être belle. Les images, coffres, bancs, tables, sièges, huys, fenestres, volent en éclat; les serrures, gonts, pentures, clôtures de fer sont rompus. Les chappes, chasubles, tuniques et dalmatiques, s'entassent et s'emportent, « les lettres chartrières, papiers, journaux, titres et enseignements concernant les anciennes fondations, biens et revenus de ladite église, sont volés en grande partie et le reste ils le brûlent, faisant si grand feu qu'il prend à une maison et lieux circonvoisins (1). »

---

(1) *Histoire sommaire de la ville de Bayeux*, précédée d'un discours préliminaire sur le diocèse de ce nom, par M. Béziers.

En 1562, Claude de Roure, qui s'était fait protestant, fit abattre aux sons des instruments de musique l'église paroissiale de Vans.

(*Vals, le Bas-Vivarais et les Cévennes*, par Joseph Chabalier, ingénieur civil des mines, p. 106.)

La même année, le peuple de Viviers se souleva, pilla l'église et les trésors, chassa l'évêque et se jeta dans le parti de Condé.

(Id., p. 37.)

Comme Viviers, Largentière se révolta contre ses souverains épiscopaux et embrassa la Réforme avec ardeur. Au mois de mai 1562, le maire Jean Archier et le curé Mallet se mettent à la tête des habitants et des protestants venus d'Aubenas, de Meyras, de Vals et de Vallon, et se précipitent sur le riche couvent des Cordeliers, dont ils brisent les autels, les croix et les tombeaux, déchirent les images et les tableaux, pillent les vases

Il restait une fort belle table d'argent massif, dorée et émaillée avec art, au milieu de laquelle il y avait un crucifiement; des deux côtés, dix images en deux rangs, tout le champ semé de fleurs de lys... Un coffre de menuiserie enchâssait cette table et contenait quatre châsses remplies de précieuses reliques, toutes quatre en argent doré et d'un travail exquis, rehaussées et enrichies d'émaux, de saphirs, grenades, perles et diverses pierres précieuses. On les mit en réserve, et peu après, M. le duc de Bouillon, en homme pratique, les convertit en argent monnoyé.

Les calvinistes bretons, ne se sentant pas encore de force à jeter leurs concitoyens catholiques par-dessus les murailles et à porter des oreilles de moines à leurs chapeaux, en guise de cocardes, se contentèrent de fournir des recrues à Dandelot et à Montgommery (1).

---

sacrés, les ornements et les meubles, brûlent les bâtiments, les livres, les manuscrits précieux, en les inondant dans des flots d'huile, pétrole des émeutiers de l'époque.
(Id., p. 241.)

(1) A cette époque, les principaux chefs protestants se distribuèrent les diverses provinces de France, les parcoururent avec la plus grande célérité, notamment la Bretagne, l'Anjou, la Touraine, la Haute-Normandie, et rassemblant des troupes, ils les conduisirent à Saint-Denis. (Vaurigaud, p. 153, t. I.)

Après la signature de la paix boîteuse et mal assise, Dandelot, prévoyant le prochain renouvellement des troubles, leva rapidement et en secret des troupes bretonnes, avec l'aide de Lanoue, Brossay Saint-Gravé et Montejean, tandis que le vidame de Chartres, Lavardin et Montgommery en faisaient autant en Normandie et dans l'Anjou. (Vaurigaud, p. 157, t. I.)

Dans le temps qui suivit le passage de la Loire par Dandelot,

Il importait néanmoins de prendre part à cette mémorable et générale manifestation. Vers la fin d'avril, en la ville de Guérande, un jour que le ministre Louveau « venait de baptiser, à Saint-Michel, la fille du seigneur de Beaulac, une quinzaine de réformés qui y avaient assisté, se réunirent devant le cloître des jacobins pour y chanter des psaumes. Après leur chant, un d'eux entra dans l'église, laissant à la porte sa cape et son épée, et se mit à renverser les statues de saint Fiacre (1) et de saint Martin, cassant les bras de la première. Pendant ce temps, un autre qui était resté à la porte,

Montejean et Beaulac lui conduisirent d'autres troupes sorties de Bretagne.

(1) Peu éclairés sur le vrai caractère de l'évangile qui ne permet d'en appeler qu'à la persuasion pour combattre l'erreur, et égarés par un zèle sans patience, ils s'imaginaient avancer la cause de Dieu en renversant des statues, tandis qu'il aurait surtout fallu changer les croyances qui les avaient fait élever.

(*Essai sur l'Histoire des églises réf. de Bretagne*, par Vaurigaud, t. I, p. 9.)

Il semble, d'ailleurs, qu'en brisant les statues, on obéissait à une sorte de mot d'ordre. C'est ainsi que, dans notre province, ce qui s'était passé à Guérande, eut également lieu à Dinan et presque à la même époque. Il résulte, en effet, d'une pièce de procédure, qu'au 18 juin, devant le lieutenant de Dinan, le prévôt des maréchaux de Bretagne demandait, au nom du duc d'Etampes, qu'on lui livrât *Macé Hamon, Richard Hamon, François Mouton et Thomas Mouton, incarcérés pour avoir brisé des statues et des images dans la ville de Dinan.*

(Vaurigaud, t. I, p. 96.)

le nommé Biarotte, chantait, probablement à l'adresse de quelqu'un des moines présent dans le cloître : »

> *S'il y a quelque chose de bien à faire,*
> *Frère Lubin ne le saura faire ;*
> *Mais s'il y a quelque chose de mal à faire,*
> *Frère Lubin le saura bien faire* (1).

Là-dessus, pour prouver son droit à la satyre et prêcher d'exemple, le chanteur entre dans l'église, trouve sur l'autel de saint Avertin un carteau de bled déposé comme offrande, le prend et le fait manger aux pourceaux (2).

A Vitré, sauf quelques bastonnades et attaques nocturnes, on se tint coi. Il fallait compter dans la ville avec une majorité active et compacte, dans les campagnes, avec des populations fort attachées à leurs

---

(1) Marot avait dit :

> *Pour faire plutôt mal que bien,*
> *Frère Lubin le fera bien ;*
> *Et si c'est quelque bonne affaire,*
> *Frère Lubin ne le peult faire.*

(Œuvres de Clément Marot, ballades, édition Garnier.)

(2) Le 17 du mois de janvier, un certain nombre de protestants pénétrèrent dans le couvent des Couets et insultèrent les religieuses qui se réfugièrent à Nantes, apportant le corps embaumé de Françoise d'Amboise.

(Vaurigaud, t. I, p. 155.)

Les novateurs ne pensaient pas qu'en attaquant ainsi brutalement ce qu'ils regardaient comme une superstition, ils outrageaient et révoltaient des consciences chrétiennes.

(Guizot, *Histoire de France*, t. III.)

pasteurs et prêtes à suivre des gentilshommes qui n'avaient pas perdu tout droit à la confiance et au respect.

Toutefois, à diverses époques, de fréquentes communications existèrent entre nos réformés et leurs coreligionnaires de Normandie et d'Anjou. Les ministres de ces deux provinces visitèrent l'église vitréenne et en firent un lieu de refuge. Gilles du Chemin, sieur du Buisson, pasteur chez le sire de Colligny, y exerça un instant le ministère. *Daniel Chevallerye, fils d'Amory, fut présenté le 9 avril 1577, par Pierre Nouail Cohigné, et baptisé par un ministre de Normandie, réfugié en cette ville à cause des troubles.* Au siècle suivant, Jacques Giron, pasteur de Ducé; Lucques Poucquet, ministre à Fontenay, puis à Pontorson, M. de la Servannière, pasteur de Condé-sur-Noireau, vinrent à Vitré prendre femmes.

Les synodes nationaux et provinciaux, les mariages (1) et baptêmes de notabilités protestantes amenaient également à Vitré les ministres des églises bretonnes. Le fameux Louveau, successivement avocat, conspirateur, ancien d'Orléans et de Beaugency, député

---

(1) On se déplaçait pour aller à Vitré, espouser à la mode de la religion prétendue.

Le 8 mars 1592, messire David, banneret de la Musse, seigneur dudit lieu et de Ponthus, épouse à Vitré Philippe Gouyon, fille seconde de Charles, baron de la Moussaye, vicomte de Plouer.

Le 5 janvier de l'année suivante, Merlin marie Charles de la Moussaye, comte de Plouer, et Anne de la Noé.

En l'église protestante de Vitré, messire David, banneret de la Musse, épousa Sara du Boys, dame de Beaulac.

aux états généraux de Melun, et finalement prédicant à la Roche-Bernard, la Bretesche et autres lieux, baptisa, le 2 janvier 1578 Olive Ravenel, fille de Lucques Ravenel, sieur du Boisguy et de Marie de Gennes (1).

Dès 1566, à l'occasion d'un synode provincial, il avait apporté à ses frères de Vitré la chaleur de son zèle et l'autorité de sa doctrine. Cette solennelle assemblée se tint au château « avec sûreté, bien que les députés logeant dans la ville pussent être hués par la populace, qui n'était pas accoutumée à voir des synodes et qui a toujours été contraire à ceux de la profession en ce lieu là autant qu'en bien d'autres. » Nos calvinistes avaient alors pour pasteur Nicole Berni, originaire de Troyes. D'un premier mariage avec Jacquine Gasselin, il avait eu

---

(1) Malgré ses titres au respect et à l'admiration, Louveau eut à peine les sympathies de son propre troupeau, qui lui préférait le sieur de la Favède. Le synode de Ploërmel ayant signifié aux protestants de la Roche-Bernard qu'ils n'auraient point la Favède pour pasteur et que Louveau ne serait pas envoyé à Pontivy, l'exaspération des adversaires de Louveau en fut portée à son comble. Aussi ce pasteur ayant fait une absence pour aller épouser Marguerite des Loges de Vendôme, veuve de Salvert, pasteur d'Angers, ils mirent si bien à profit contre lui son éloignement que, lorsqu'il revint, personne ne voulait lui louer même une chambre où il put habiter avec sa famille. Il fallut, pour le tirer de cet embarras, l'intervention de M. de Tregus, sans quoi il eût été obligé de se refugier à la Bretesche. Ils ne s'en tinrent pas là et supprimèrent la subvention qui lui avait été consentie. Au milieu de cette opposition presque générale, *trois familles* lui restèrent fidèles et lui permirent, par leur concours persévérant, d'affronter cet orage et de demeurer dans son église.

(Vaurig., p. 130, t. I.)

Elisabeth, mariée le 12 septembre 1577 à Estienne Rondel, valet de chambre du comte de Laval; Marie, femme de Thobie de Hemestre, et Anne, née à Vitré le 16 juin 1566. D'un second mariage, contracté avec Jeanne du Boucher, veuve de l'intrépide Biard, vint N. Berny, pasteur au pays de Thouars. Isaac, l'un de ses arrière-petits-fils, maire de Vitré et sieur de la Gaulayrie, eut pour frère Pierre Berny qui embrassa la carrière des armes, devint capitaine de cavalerie et chevalier de Saint-Louis; tous les deux, par Catherine de Gennes, leur grand'mère maternelle, descendaient de Gilles et de Perrine Tirel.

Nicole Berni commença son ministère en l'année 1564. Il n'eut point à craindre pour son auditoire l'accident tragi-comique advenu aux admirateurs de son collègue Mondonnay. L'arche était alors établie en solide et princière demeure. Pour assister au prêche, Israël se rendait au château, passait le pont-levis et recevait sous la voûte la bienvenue du portier, les égards respectueux du corps de garde. Longeant ensuite le bâtiment affecté aux cuisines seigneuriales et tournant brusquement au pied des degrés de la grande salle (1), il pénétrait au bout de cinquante pas sous une galerie couverte; de là... dans le lieu de son repos. C'était un vaste appartement, d'aspect sévère, recevant du nord un jour mystérieux, garni de siéges au milieu desquels s'élevait la chaire du prédicant. En ce fort, sans craindre les suppôts de l'Antéchrist, la nouvelle Jérusalem pou-

---

(1) Voir au Musée de Vitré le plan du château, offert à la ville par M. le duc de la Tremoille.

vait chanter les pieuses traductions « de cet esprit élevé à très-mauvaise école, de ce libertin qui s'était nourri de vanité dans une cour souverainement corrompue (1). »

Revenge moy, pren la querelle,
De moy seigneur, par ta mercy
Contre la gent faulse et cruelle;
De l'homme rempli de cautelle
Et en sa malice endurcy
    Delivre moi aussi.

Las, mon Dieu, tu es ma puissance,
Pourquoi t'enfuys me reboutant?
Pourquoy permets qu'en déplaisance
Je chemine sous la nuysance
De mon adversaire qui tant
    Me va persecutant (2).

---

(1) Jugements de de Bèze et du ministre Jurieu sur Marot.
(2) Marot, traduction du psaume : *Deus, Deus meus, ad te...*

III.

Vitré avait alors irrévocablement conquis le premier rang parmi les églises bretonnes. Deux ans après le synode mentionné par Louveau, le collége fondé à la Roche-Bernard, pour l'instruction et la formation des jeunes gens destinés au ministère, vint se réfugier en nos murs. Au mois d'avril 1569, les réformés se trouvaient assez nombreux pour prétendre au gouvernement et à la garde de la cité. A Vitré, nous dit Crevain, dans la maison de ville, des articles furent accordés entre les habitants des deux religions pour la manutention de la paix et pour le service du Roi sous l'obéissance de son lieutenant général en la province, le duc de Martigues. Ces articles portaient que huit personnes nommées garderaient les clefs de la ville chacun en son mois, que les soldats se contiendraient au château sans battre la campagne et sans courir la ville que deux à deux tout au plus avec l'épée seulement. Trois semaines avant la signature de cet accord, les huguenots avaient perdu, avec la bataille de Jarnac, leur principal chef.

A Vitré, ils devaient renoncer à l'hospitalité seigneuriale, le gouvernement du château échappant aux Laval pour passer aux mains du Roi.

Malgré ces échecs enregistrés et par l'histoire générale et par les chroniques locales, nous les voyons porter la tête haute, fermes dans leur organisation, persévérants en leurs desseins, confiants dans l'avenir. Ne savent-ils pas leurs adversaires incapables de résolutions constantes? Grâce à la reine, à son machiavélique système, la porte n'est-elle pas toujours entrebâillée? Qui sait? Cette porte s'ouvrira bientôt peut-être pour laisser passer leur marche triomphale. Quoi qu'il arrive, on comptera avec leur nombre, leur qualité et leur courage.

Les événements ne tardèrent pas à prouver la justesse de ces prévisions. L'année suivante, en effet, ils signaient la paix à des conditions inespérées : quatre places de sûreté leur étaient livrées. Ils pouvaient récuser les parlements et exercer librement leur culte. Vainqueurs aux journées de Jarnac et de Moncontour, auraient-ils obtenu davantage? A la faveur de cette heureuse fortune, l'influence des réformés vitréens, affermie naguère par le traité dont Crevain a résumé la teneur, ne pouvait que grandir. Aussi, l'an 1571, le prédicant, rentré au château, y célèbre-t-il avec assurance noces et baptêmes. « Le 11 juin de ladite année, Renée Le Moyne, de Vitré, épousa au château messire Le Limonnier de Louchardière, dont les ancêtres s'étaient distingués par leur patriotisme et leur foi, témoins ce Thomas fait prisonnier à Saint-Aubin-du-Cormier, et les auteurs de pieuses fondations en l'église de Saint-Léonard de Fougères (1). »

Le 27 octobre suivant « en l'assemblée générale des bourgeois, manans et habitants de la ville et forsbourgs de Vitré, faicte à la maison de ville à laquelle ils se sont

---

(1) *Histoire de Fougères*, par MM. Bertin et Maupillé.

congrégés et assemblés au son de la grosse cloche pour y délibérer le règlement ou police des paouvres (1), » les calvinistes n'ont pas manqué à l'appel; ils sont nombreux et de marque. Le sénéchal André de Coaisnon, le procureur fiscal, Philippe Le Militaire leur appartiennent. Michel Tirel, chanoine et trésorier de la Magdeleine, s'y rencontre avec ses parents Georges, Bodynais et Gilles de Gennes, qui font profession ouverte de protestantisme.

Dans notre *Monographie des Familles de Vitré* (2), nous avons eu occasion de signaler l'œuvre administrative adoptée par cette grave assemblée. A notre sens, elle mérite une étude spéciale. Les hommes qui l'ont préparée et édictée nous y apparaissent avec un saisissant relief. Le principe chrétien de l'autorité, le sens pratique, le sentiment des obligations du riche envers le pauvre s'y trouvent nettement et fermement accusés. Ces gens-là ne sont pas des rêveurs; ils parlent comme ils agissent d'après les principes. Leur société et leurs constitutions ne tiennent pas suspendues en l'air par le fil des modernes utopies; elles ont pour base le souverain pouvoir de Dieu sur lequel ils élèvent solidement leurs droits et devoirs respectifs.

C'est, touchés de l'Esprit divin et meus de charité envers leurs frères, qu'ils consentent l'ordre et police des paouvres de leur ville située es fins et limites de

---

(1) On trouvera le texte intégral de cette police dans l'ouvrage que prépare M. l'abbé Paris-Jallobert (*Journal historique de Vitré*).

(2) Voir les *Familles de Vitré*, p. 50.

Bretagne, et par laquelle est le chemin le plus commun pour aller et venir du pays de France au pays Breton, ports et hâvres de la mer.

Le vain plaisir de réglementer ne provoque pas cette résolution ; elle est motivée par l'existence d'abus et inconvénients dûment constatés, par une situation, une responsabilité nouvelles. L'arrêt royal du 30 avril 1558 n'a-t-il pas ordonné *que tout le revenu de l'aumosnerye et chappelainie de Saint-Nicolas serait baillé et délaissé aux manans et habitants de Vitré pour iceluy entierement employer à la nourriture et entretenement des pauvres à la charge d'en rendre bon et loyal compte ?*

Ce revenu, fondé par les barons de Vitré et par aultres bons et notables personnages, était jadis perçu et absorbé par le prieur de Saint-Nicolas qui se préoccupait assurément de tenir son logix en bon état, de faire graver ou peindre ses armoiries aux endroicts les plus apparents, mais sans aucun scrupule *laissait mourir les pauvres sur les pavés et halles de la ville,* tandis que, chose fort regretable et piteuse, les bâtiments hospitaliers restaient inoccupés et prêts à tomber en ruines.

Le 25 juin 1552, à la requête du procureur général, le sieur Berard de la Touche entre dans la salle accoutumée à recevoir les pauvres. Il y trouve douze charlicts fort vieux, garnis de mauvaises couëtes. Sous cette salle a cours l'eau de la rivière de Vitré, et *parce que le plancher en est usé et mal joinct, l'on voit clairement au travers l'eau de la dicte rivière, et par ses fentes, perthuys et trous passent eau et vent en maniere qu'il est tout apprins que les pauvres n'y peuvent commodément habiter, surtout en hiver.*

Le prieur d'alors aura beau prétendre qu'il compte parmi les assesseurs du sieur Berard « de ses ennemis mortels et capitaux sentant la poudre de hacquebute, mal sentant la foi catholique. » Son incurie éclate aux yeux des Vitréens admis à franchir le seuil de sa demeure (1).

Témoins et victimes de cette mauvaise administration, convaincus par une expérience de douze années, que pour y apporter remède les volontés individuelles seraient impuissantes et toujours inclinées vers l'arbitraire, ce qu'il fallait éviter à tout prix, nos bourgeois se font législateurs et continuent en ces termes :

« Pour ce que par l'Escriture sainte entre les chrétiens ne doivent être soufferts les mendiants, c'est-à-dire ceux qui, publiquement et ordinairement, vont par les portes quester et demander l'aumosne et que la mendicité a été defendue par la loy, de laquelle aussi adviennent plusieurs inconvénients, *à ces causes, défenses seront faites à tous paouvres et mendicants valides de quester et mandier par les églises, aux portes et lieux publics de la ville et leur donner aulcunes aumônes aux dicts lieux.* »

Le système d'interprétation inventé par le protestantisme était loin d'avoir produit ses fruits dissolvants.

---

(1) C'étaient : Gilles Maczonnais, Michel Fauvel, Michel Godart, Mathurin Ravenel, René Le Moine, Pierre de Gennes Boisguy, Jacques Davy, P. Duverger, J. Le Clavier et Michel Onfroy.

Les Livres saints gardaient, comme on le voit, leur autorité (1), les traditions, une partie de leur prestige. Aussi, dans les questions sociales, le sens chrétien et pratique luttait-il avec succès chez les protestants eux-mêmes contre l'esprit de révolte et de nouveauté. Au XVIe siècle, une société qui se piquait d'avoir le Christ pour chef comprenait, sans effort, qu'il ne convenait pas de laisser la misère se donner en spectacle, mais qu'il fallait aller généreusement au-devant d'elle et la soulager. On se montrait jaloux de conserver au travailleur sa dignité en établissant une différence profonde entre l'homme qui gagne vaillamment son pain à la sueur de son front et ce fainéant dépravé réduit à user de mensonges et de duperies pour soutenir une honteuse existence.

« *Le pain des vrais pauvres ne sera baillé aux*

---

(1) Montmartin disait à Lanoue, étendu sur son lit de mort :
Souvenez-vous, Monsieur, du passage de Job, qui dit : Je scai que mon redempteur vit, qu'il se tiendra le dernier sur la terre, et que mes os et ma chair verront mon Dieu en sa face.

(*Mémoires* de Montmartin.)

Exorde du discours des ministres réfugiés à la Rochelle :
Nous avons charge, Messieurs, de la part de nostre compagnie de vous déduire briefvement quatre choses sur le sujet que vous nous avez fait la faveur de nous proposer, et la premiere est que l'église de Dieu ne composant qu'un mesme corps dont nostre Seigneur Jesus Christ est le Chef, comme les fidèles dependent tous de luy, aussi ont-ils les uns avec les autres cette union inviolable que le symbole des Apôtres appellé la communion des Saints.

(*Vie de Franc. sr. de la Noue*, par Moyse Amyrault, p. 88-89.)

mendiants valides, belistres et pauvres oisifs, sains et puissants pour travailler et qui n'ont aulcun mestier et vacation, encore qu'ils fussent originaires de Vitré ; mais seront contraincts de gagner leur vie au labeur de leurs mains, soient hommes ou femmes, et s'ils continuent en leur oysiveté seront par autorité de la justice ordinaire constitués prisonniers, pour être par devers eux procédé selon la rigueur des ordonnances. »

Ces voleurs du pain des vrais pauvres étaient alors assez communs et ne se privaient pas d'exercer, à Vitré, leur triste industrie. Ambroise Paré, en son livre des *Monstres et Prodiges,* a pris soin d'en conserver la preuve. « Un mien frère, nommé Jehan Paré, chirurgien, demeurant à Vitré, ville de Bretagne, vit un dimanche, à la porte d'un temple, une gaillarde grosse et potelée, feignant d'avoir un chancre à la mamelle. » Soupçonnant quelque méfait, Jehan dénonça cette femme au magistrat, *dit en ce pays-là l'alloué.* Ce dernier la fait examiner, et l'imposture reconnue, la belistresse est constituée prisonnière. « Interrogée, elle confessa que c'avait été son gueux qui l'avait ainsi accoutrée, lequel semblablement, feignait d'avoir un ulcère grand et énorme à la jambe. Ledit alloué fit chercher ce maître gueux, larron imposteur, lequel ne put être trouvé et condamna son associée à être bannie du pays, *non sans être auparavant bien estrillée à coups de fouet, de cordes nouées, ainsi qu'on faisait en ce temps-là.* » « Un an après, continue le célèbre chroniqueur, un gros maraud, qui contrefaisait le ladre, se mit à la porte du temple, déployant son oriflan, la face couverte de gros boutons faicts de certaine colle forte et peinte d'une façon rougeâtre et livide, appartenant à la couleur des ladres, ainsi par compassion, chacun l'y faisait aumône. Ce ladre avait certaine lisière de drap entortillée autour de son col, et par dessous son manteau, de sa main senestre, se serrait à la gorge, afin de se faire monter le sang à la face. Le magistrat adverti le fit enfermer. Interrogé les jours suivants, il confessa la vérité, entendit une longue remontrance *lui mettant devant les yeux qu'il était larron du peuple, estant sain et entier pour travailler.* » Le fouet vint après et la correction fut si rude que le méchant diable en mourut, *chose qui ne fut grandement dommageable pour le pays*, ajoute Ambroise Paré, conclusion dont nous lui laissons toute la responsabilité (1).

De pareils faits montrent combien on devait se tenir en garde contre les faux semblants; mais laissons cette vile engeance, et avec nos pères, le bras miséricordieusement tendu, le cœur dilaté, hâtons-nous de secourir « *ces malades détenus en langueur, impotens, misérables et n'ayant aucun moyen de vivre; ces pauvres femmes veuves, ayant petits enfants de lait, les orphelins et enfants exposés, n'étant en âge de gaigner leur vie*, tous lesquels seront reçus audict hôpital et maison Dieu, pourvu, toutefois, qu'ils soient originaires de la dicte ville, forsbourgs et paroisses. »

C'est la première catégorie des vrais pauvres. En la seconde, sont « *les vieilles personnes, veufs, artisans et gens de mestier, lesquels ne peuvent plus travailler,*

---

(1) Ambroise Paré était partisan des idées nouvelles.

qui sont chargés de si grand nombre d'enfants et autres personnes qu'on appelle paouvres honteux et secrets, lesquels n'ont bien suffisant ni moyen d'en gagner assez pour substanter et entretenir leurs familles. »

Tous ces vrays pauvres, sans différence de religion, seront aidés et secourus. Pour connaître leur nombre et leur condition, « l'un des juges, procureurs et greffiers au dict Vitré et en leur compaignie aulcuns des habitants, à cette fin nommés, se transporteront en toutes les maisons de la ville et fauxbourgs, esquels il y aura des pauvres, feront écrire leurs noms et surnoms, le lieu de leur origine, le nombre de leurs enfants, l'âge diceux, leurs infortunes et accidents, etc., et du tout feront bon et ample procès-verbal qui servira à établir le rôle des dicts pauvres. » Sur ce rôle sera assigné et ordonné combien chacun aura, tant pour luy que ses enfants, par chacune semaine, soit par argent, bled ou pain.

Comme il est constant que le revenu des hôpitaux ne peut suffire à la nourriture d'un si grand nombre de personnes, en face du rôle des pauvres, nos bourgeois ouvrent résolûment le rôle des riches et là aussi, près des noms et surnoms, inscrivent ce que chacun voudra donner et offrir chaque mois par argent ou par autre espèce. Pour la cueillette de ces deniers, la ville est divisée en quatre quartiers ; en chaque quartier est un collecteur chargé de réunir les cotisations mensuelles et de les bailler aux administrateurs. L'interdiction de la mendicité est prononcée. Soyez tranquille, elle ne restera pas lettre morte ; écoutez plutôt :

« *S'il se trouvait qu'il y eut gens riches et aisés de*

donner l'aumône, lesquels ne voulussent se cotiser ou qui ne se cotisent passablement, ils y seront contraints et cotisés par justice. »

« Les curés, notaires, qui recevront testaments, dons et legs, seront tenus à advertir les testateurs d'avoir souvenance des pauvres.

A la porte de la grande cohue de Vitré, sera mise une boîte ferrée, une autre à la cohue où se vend la chair, afin que les gens charitables y puissent déposer leurs offrandes. »

Et les jours de lundi, qu'est un jour de marché, aux portes de la ville ; les jours de dimanche et festes aux portes des églises, deux pauvres de l'hôpital tiendront en leurs mains boîtes fermées et *demanderont aux passants l'aumône pour les pauvres enfants de Dieu.*

Eh oui, en ce vieux temps, riches et pauvres avaient la faiblesse de se croire *enfants de Dieu.* C'est au nom de leur père commun que les uns donnaient sans orgueil, que les autres recevaient et rendaient grâce sans bassesse.

« Il y aura deux sortes d'officiers : *Les premiers n'auront aucun gage et se contenteront de la marque et témoignage qu'ils porteront en ce faisant, d'estre chrétien ;* aux seconds sera baillé salaire selon leur peine et labeur... *tous devront y faire mieux que leur propre fait.* »

« Davantaige, seront nommés en la maison de ville un avocat et un procureur de causes et 2 notaires de la juridiction de Vitré, lesquels, durant l'année, seront tenus dépêcher et expédier les causes et affaires des dicts pauvres sans salaire fors que les notaires seront payés de l'écriture... »

Le dernier poinct est de l'instruction, aide et advancement des pauvres oultre la nourriture. Il vaut la peine d'être cité en entier : « Quant à l'instruction, en attendant qu'il plaira à Dieu donner moyen d'avoir et dresser escholles et entretenir maîtres et maîtresses pour l'instruction des pauvres enfants tant masles que filles, le *gardien leur apprendra à lire et les instruira en la foi chrétienne et pour prier Dieu, leur apprendra l'oraison dominicale, les articles de la foy et les commandements de Dieu, les chastiera et corrigera leurs vices, les nourrissant en bonnes moeurs.* »

Les braves et simples gens ! comme ils allaient droit leur chemin, et qu'il ferait bon laisser la phraséologie moderne pour reprendre ces allures et ce ton du sens commun en train de devenir rare !

« Et outre, le chapelain ordinaire des hopitaux qui aura la charge de célébrer le divin service en la manière accoutumée, *sera tenu d'instruire aux lettres les dits petits enfants.* »

« Et pour le regard et l'avancement des pauvres, outre l'aide qui leur sera donné pour leur nourriture, s'il se trouve deniers bons revenants tant de l'hopital que de l'aulmosne générale ou d'ailleurs, *seront les dits enfants secourus et advancés tant que faire se pourra : les uns mis à métier, les autres mis à l'escolle d'escripture.* »

Former d'honnêtes gens, c'était la première et non l'unique préoccupation de nos ancêtres. Ils pensaient peut-être avec raison que la science et l'habileté feraient d'assez mauvaise besogne par le monde si elles ne marchaient accompagnées de la vertu. Le système était vieux comme la sagesse qui l'avait dicté.

Il était pratiqué par les protestants qui en proclamaient à l'envi l'efficacité. Connaître Dieu, observer ses lois, trembler sous la crainte de ses jugements redoutables, telles sont les idées qu'ils mettaient alors en prose et en vers :

> *Notre jeunesse tant chérie*
> *Est pour un peu plaisante à voir,*
> *Mais comme une fleur de prairie,*
> *On la void soudain déperie*
> *Et sécher du midi au soir*
> *Sans y pouvoir pourvoir.*
>
> *Faites, je vous en prie, faites gloire,*
> *De la perdurable beauté ;*
> *Ayez d'un autre lieu mémoire,*
> *Où l'Éternel vous fera boire*
> *Le nectar d'immortalité*
> *Qui vous est appresté.*
>
> *O Seigneur ! lève à toi mon âme,*
> *Afin que conseillé de toy,*
> *Sans cesser ton nom je réclame,*
> *Et garanti de mort infâme,*
> *Je te célèbre en vive foy,*
> *Comme mon Dieu et roy* (1).

Précieuse consolation pour les catholiques attristés de voir la religion si mal défendue, leur fidélité et leur

---

(1) Voir dans le *Chansonnier huguenot* la chanson de la jeunesse.

courage si pauvrement utilisés, cette ferme croyance en la royauté divine fut encore l'unique ressource des protestants de bonne foi au jour de la plus terrible épreuve.

Traités tour à tour en révoltés ou en sujets fidèles par un gouvernement qui ne sut jamais agir contre eux avec la conscience de sa légitime autorité, ils vont tomber dans un infâme guet-apens, tendu en apparence pour servir la religion qu'il compromet; en réalité pour assouvir d'implacables rancunes, défendre de vils et mesquins intérêts.

La Saint-Barthélemy ne fut pas l'acte d'un roi, mais le fait d'un assassin ! Elle eut pour résultat l'abaissement de la royauté, l'hypocrisie d'un grand nombre, l'exaltation plus vive et plus communicative du parti réformé.

IV.

Suivant Crevain, la Bretagne n'eut que le bruit des massacres et une bonne partie de la peur. Les ministres se hâtèrent de mettre la mer entre eux et leurs troupeaux, chose fort pardonnable d'ailleurs, n'étaient-ils pas pères de famille ? Nous comprenons aisément qu'aucun d'eux n'ait eu le désir de courir l'aventure de ce prophète caché :

En un lieu hors d'accès, en vain deux jours cherché,
Une poule le trouve et sans faillir prend cure,
De pondre dans sa main trois jours de nourriture,
O chrétiens fugitifs, redoubtez vous la faim ?
Le pain est don de Dieu qui sçait nourrir sans pain.
Sa main despêchera commissaires de vie,
La poule de Merlin ou les corbeaux d'Hélie (1).

Ce Merlin, égalé au prophète Élie par le lyrisme de d'Aubigné, était fils de Jean Raimond, l'un des assesseurs de Théodore de Bèze au colloque de Poissy. Sorti sain et sauf du grenier à foin où il s'était réfugié pendant que l'amiral expirait, il gagna l'Allemagne, y rencontra Guy comte de Laval (2), qui le choisit comme pasteur domestique. Nous le verrons en des temps meilleurs accompagner le jeune comte à Vitré,

(1) Voir d'Aubigné, *les Tragiques*, p. 22 (les fers).
(2) Neveu de Colligny.

y seconder les efforts de Nicole Berni et y mourir, suivant le dire de son fils, chargé d'ans et de mérites.

Pendant qu'il était en Allemagne, ses collègues bretons vivaient à l'abri de tout attentat : Berni et Louveau en Angleterre, du Gravier, Perruquet et de Roullée à Jersey ou Guernesey. Parmi les disciples qu'ils abandonnaient, beaucoup à Vitré courbèrent la tête, s'en furent à la messe et firent baptiser leurs enfants à l'église catholique. Ce n'était, de leur part, qu'une fausse apparence, un masque à jeter dès la première éclaircie. Ils se sentaient prêts à déclarer hautement, avec le Béarnais, « que leur changement » de religion avait été par force et contrainte, partant » que la liberté de leurs personnes, leur rendant celle » de leurs volontés, ils remettaient aussi leurs âmes » en l'exercice de leur première créance. »

Quelques autres, les plus convaincus, les plus compromis peut-être, suivirent l'exemple de leur pasteur et prirent le chemin de l'exil. Habitués qu'ils étaient à passer des mois, parfois des années entières hors de leur pays pour assurer le succès d'opérations commerciales, nos Vitréens ne s'effrayaient pas outre mesure d'un séjour prolongé en Angleterre, en Hollande, aux îles de la Manche. On avait là-bas des relations sûres et éprouvées (1), la sympathie de coreli-

---

(1) Ces relations des Vitréens avec les étrangers sont prouvées par les actes suivants :

Jean du Goulle, du *pays de Liége*, épouse, le 20 février 1582, Olive Besnardais.

François Thoris, *de Bailleul en Brabant*, qui a longuement exercé la médecine en cette ville de Vitré, décédé le 3 mars 1591.

gionnaires. Le travail, d'ailleurs, ne pouvait faire défaut. Les frères et amis restés en Bretagne avaient-ils besoin d'un agent de commerce, d'un correspondant religieux et politique? On se mettait à leur entière disposition. Le temps s'écoulait ainsi, et comme l'espoir sérieux de rentrer au pays demeurait au fond de l'âme, on se voyait au retour entourés, admirés de tous, portant au front l'auréole de la fermeté.

L'histoire a gardé trace de cet exil. Crevain affirme, en effet, qu'en juin 1576, « Bodinais de Gennes était » encore aux îles où il s'était retiré à cause des mas- » sacres et des persécutions. » Nous lisons d'autre part, en nos vieux mémoires généalogiques, que : « Jean » Le Moyne Guérinière, époux d'Olive Taunel,

---

Anne Gonneville, fille d'Anthoine Gonneville, *Anglais*, et d'Elisabeth L'hommeau, présentée au baptême à Vitré. 6 mars 1594.

Richard Legge, *Anglais*, épouse Rachel Le Moyne le 19 octobre 1608.

Roger Levermore, *d'Exeter en Angleterre*, décédé le 1er janvier 1619.

Edouard Stendisch, *de Londres*, épouse, le 12 may 1630, Gillette de la Massonnay.

Pierre Stendisch, fils d'Edouard Stendisch et de Gillette Massonnais, présenté le 9 septembre 1632.

Guillaume Dippfort, fils de Guillaume Dippfort, *marchand anglais* et de Marie de Gennes, présenté au baptême le 13 août 1638.

Le 8 septembre 1641, James Le Marchant, de Guernesey, épouse Rachel Le Moyne.

Jean Otte Rainier, *de Horne en Hollande*, épouse, le 29 septembre 1647, Judith Bridonneau.

Michel Hamon, de Jersey, décédé le 19 décembre 1661.

» demoiselle de Grand-Pré, mourut vers la fin du
» seizième siècle, à Guernesey, où il s'était retiré
» à cause des guerres qui troublaient la France. »

Le même fait est certifié par les chroniques insulaires. « Le 14 novembre 1574, Jehan Le Moyne de Vitré en Bretagne et Anne de Lisle, ont été mariés en l'église de saint Pierre-Port, île de Guernesey. »

« En juin 1575, maître Jehan Hervye, ministre de l'évangile des parties de Normandie et Catherine de Gennes de Vitré en Bretagne ont été mariés. »

L'an 1586, le 29e jour de mai, en l'église paroissiale de saint Pierre-Port, furent mariés, Mathurin Le Feubvre et Anne de la Massonnaye, français et de la ville de Vitré (1).

Pour des réfugiés, ces îles de la Manche se trouvaient dans une excellente situation. La patrie restait en vue : dans quelques heures, une barque pouvait y conduire. Aussi, prédicants, Normands et Bretons recherchaient l'hospitalité des insulaires. Comme ils devaient égaler en fougueuse ardeur leurs cinquante collègues retirés à la Rochelle, il est aisé d'imaginer l'effet de leurs exhortations. Pour les mettre en pratique, n'avaient-ils pas dans leur auditoire le comte de Montgommery ? Étranger au scrupule, à la sagesse du brave Lanoue (2),

---

(1) Communications faites aux membres du Congrès breton, tenu à Vitré, en 1576, par M. Mac Culloch, lieutenant bailli de Guernesey.

(2) Injures vomies contre Lanoue par le ministre La Place : échauffé par la passion, cet énergumène s'approcha du vaillant homme de guerre et luy donna un soufflet. Lanoue se contenta de le recommander fort particulièrement à sa femme, en lui

son rival, suivi de ses compatriotes ou de bandes étrangères, celui-là courait avec le même entrain au combat ou au pillage (1). En s'engageant sous les bannières d'un tel chef, les réfugiés d'humeur batailleuse, étaient donc sûrs de satisfaire leurs rancunes politiques et religieuses, d'autant plus que la fortune, après les avoir rudement traités, semblait prête à leur revenir. Moins d'un an après le massacre, les protestants restés en France avaient obtenu des concessions de nature à prouver, une fois de plus, l'incorrigible faiblesse du pouvoir. Loin d'être diminuées par ce fait, l'insolence et l'irritation du parti grandissaient chaque jour ; les liens à demi-brisés des églises se renouèrent à l'assemblée de Milhau (2) et d'une façon si complète, qu'en prévision

---

disant qu'elle eust soin de son mary, pour ne le laisser pas désormais vaquer par les rues, parcequ'il avait l'esprit altéré.
(P. 93, *Hist. de Lanoue*, par Amyrault.)

(1) Pendant ce temps, Montgommery descendait dans le Cotentin, canton de Normandie contigu à la Bretagne, et ralliait en foule sous ses étendarts, les huguenots et les mécontents des provinces. (Vaurigaud, p. 202, t. I.

(2) Les réformés s'organisèrent d'une manière complète sur le modèle des états généraux de Hollande. Ce fut l'œuvre de l'assemblée de Milhau. Cette assemblée institua des conseils de généralité et des états généraux. L'objet des premiers était de rendre l'expédition des affaires ordinaires plus prompte et la surveillance des agents du parti plus facile ; les autres avaient essentiellement pour but d'établir entre toutes les églises de France, des rapports fréquents et réguliers. L'assemblée dressa aussi des instructions pour les gouverneurs et commandants militaires et pour l'administration de la justice, de la police et des finances.
(Vaurigaud, t. I, p. 201.)

de la mort du roi, un soulèvement général, fut résolu et préparé. Au carnaval de 1574, tandis que les catholiques se livraient, sans défiance, aux réjouissances d'usage, les réformés s'emparent de plusieurs villes et forteresses parmi lesquelles Vitré vaut bien la peine d'être cité.

Cette dernière surprise est l'œuvre de Jean du Matz, sieur de Terchant et de Montmartin. Après un long séjour en Allemagne, près de son seigneur le comte de Laval, il a profité du premier édit de paix pour rentrer en France, avec l'intention très-arrêtée de veiller, non-seulement à ses affaires privées, mais encore aux intérêts de son parti. Intelligence cultivée, habile et vaillant homme de guerre, ennemi juré des papistes, c'est un excellent émissaire! Arrivé en son château de Terchant, on le croirait absorbé par les préoccupations les plus pacifiques; il visite ses terres, règle son domestique, reçoit parents et voisins, voit à Vitré catholiques et protestants, dîne chez les gens du roi. C'est, en apparence, un délicieux convive; en réalité, un dangereux conspirateur. Chez les Chevalerie, Ravenel, de Gennes et autres, son masque tombe : il relève les courages, s'autorise du comte suzerain, montre d'un côté le réveil général des calvinistes, de l'autre l'incurie, la confiance aveugle des adversaires; fait pressentir bientôt que la revanche serait possible, facile même, grâce à une entente commune et discrète. Il déclare vouloir payer de sa personne et marcher au premier rang.

Tout réussit au gré de ses désirs : on le reconnaît pour chef; ses desseins sont adoptés et les jours gras choisis pour l'exécution. Circonstance des plus favorables! un beau mariage se trouve fixé à la même époque. Antoine Faruel, seigneur de la Rousselaye, fils d'Antoine Faruel et de Simonne Jamois, épousera, le mardi 23 février 1574, Jeanne Leziart. Les familles de l'époux et de l'épousée sont anciennes et considérées (1). Vitré sera donc en liesse. Au jour fixé et les noces faictes, le sire de Rosmadec, gouverneur du château, ouvre les grands appartements. En galant homme, il tient à fêter les époux, leur belle parenté. Par son ordre, les portes de la ville et du château resteront ouvertes toute la nuit, pour laisser entrer et sortir les gentilshommes du voisinage qu'il a invités à sa table. De ce nombre est Montmartin. A le voir, à l'entendre, oncque ne devinerait son perfide dessein. Empressé près des dames, aimable envers son hôte, il semble s'en donner à cœur joie et vider sans remords la coupe de l'hospitalité. Il sort du château à une heure avancée. Vers cinq heures du matin il y rentre, le casque en tête, l'épée à la main, appuyé par une troupe déterminée, à laquelle les huguenots vitréens s'empressent de prêter main-forte. De Rosmadec, Guy Geffrart et René Le Cocq narrateur de cette trahison, tombent aux mains de ce *maître Judas* qui leur impose une rançon de deux mille écus, sans compter la valeur des armes et joyaux confisqués.

(1) Magdeleine Faruel, sœur d'Antoine, veuve de Jacques Hardy, épousera Jean de Gennes de la Brosse.

Sa sœur cadette Guyonne, sera femme de Jean Lefebvre de Laubinière.

Jacqueline, troisième sœur d'Antoine, épousera Mathurin Ronceray.

Continuateur du registre domestique de Jean de Gennes du Mée, son beau-père, René Le Cocq s'était distingué par une opposition constante et ouverte aux nouvelles doctrines, il devait naturellement supporter un des premiers le poids des vengeances huguenotes. Son fils avait épousé Jeanne Geffrard, la sœur de ce Guy rançonné par Montmartin. Nous avons l'heur de posséder leur contrat de mariage. L'acte est du 6 février 1562, au rapport de Pierre Roulleaux et de Jean du Chesne, notaires de la court de Vitré.

« Comparaissent personnellement notre chroniqueur et Guillemette de Gennes, sa compagne, père et mère d'honnête personne René Le Cocq aussi présent, d'une part,

» Et Ysabeau Gouverneur, dame de la Motte, veuve de deffunt Jacques Geffrard, vivant sieur de la Motte, père et mère de honnêtes gens Guy Geffrard, sieur de Lentillère, et Jeanne Geffrard, aussi présents, d'aultre part, tous demeurant en la ville dudict Vitré, par devant lesquels est irrévocablement conclud le contrat de mariage entre les présents René Le Cocq et Jeanne Geffrard.

» Cet accord est fait du gré et consentement de leurs pères et mères et de leurs parans et amys (1), savoir : noble homme *Jean Hay, sieur des Neptumières* et du

---

(1) Jean Hay des Nétumières descendait de Guillaume Hay, mari de Briande Cholet; il était parent de René Le Cocq, dont la mère, Guillemette de Gennes, était fille de Gillette Cholet, sœur de Briande.

Plessix, conseiller du Roy en son parlement de Bretagne, *Guy Geffrard* et honorables gens *Pierre Nouail Cohigné, Guillaume de Gennes Cordionnays, Jean Nouail.* »

A tort ou à raison, nous ouvrons ici une parenthèse. Le moment semble venu de donner sur l'origine, les traditions des familles qui composent la société vitréenne au XVIe siècle, certains détails que nous avons lieu de croire intéressants. La communauté de Vitré, c'est-à-dire cette réunion de gens qui regardent comme leur la fortune de la cité et veillent laborieusement à sa conservation, comprend en première ligne les contemporains de la maison de Vitré, qu'on peut véritablement qualifier d'autochthones. Les Tirel, de Gennes, de Challet, etc., appartiennent à ce groupe. Le second embrasse : les familles venues des provinces limitrophes et dont les noms se retrouvent dans le Maine et l'Anjou ; les descendants de tous ceux que le service du châtelain, le commerce ou les faveurs accordées au protestantisme ont un beau jour attirés à Vitré (1). Cette bourgeoisie est riche ; elle a de beaux costumes, des joyaux et des armes, témoins René Le Cocq et Guy Geffrard. Elle sait, le cas échéant, courir aux murailles et donner les grands coups d'épée. Les franchises municipales lui tiennent au cœur. On la dit fière, un peu collet

---

(1) Vinrent à Vitré : De Gascogne, Pierre du Bourg, fils de N. du Bourg, chirurgien ; de Languedoc, Anthoine Paillardin, Jacques de Girard de Châteauvieux ; de la Navarre, les du Bourdieu ; du Lyonnais, les Guillet de la Brosse ; du Dauphiné, les Duperron, etc.

monté, que voulez-vous? Plusieurs de ces familles ont des filiations dûment établies depuis 1400, de sérieuses traditions. Quelques-unes ont sur leurs origines d'assez curieuses légendes.

Naguère, nous avons édité celles des Clavier (1). Ces treize frères mourant au service du duc de Bretagne, font assez noble figure.

Les Le Fort prétendaient avoir eu des ancêtres dans l'armée de Guillaume le Conquérant. A les entendre, le premier d'entre eux qui vint s'établir à Vitré descendait d'un gouverneur de l'île de Wight.

La légende des Ravenel a été admise et enregistrée tout au long par d'Hozier.

En voici une autre qui présente également quelque intérêt : « Selon ce que j'ai pu apprendre de mon oncle des Landes Seré, maître aux comptes, nous sommes sortis du Lude. Il peut y avoir deux cent cinquante ans qu'un Seré vint à Vitré avec M. de la Trimouille et y fit des acquêts considérables. »

« Nos ancêtres ne se sont point amusés à écrire de leur famille ; mais on nous fait descendre d'une maison considérable du royaume de Naples, qui se nomme Sera (2). »

« Soit par guerre ou autre, un de cette maison prit

---

(1) Les *Familles de Vitré*, p. 77.

(2) Sans garantir l'exactitude de cette assertion, nous constatons l'existence d'une famille italienne de ce nom. Ecco l'elenco delle famiglie comprese nell' annuario della nobilta Italiana per l'anno 1879 : Acquaviva, d'Adda, Alfieri... Sarzana, Sava *Serra* (Giornale dell' accademia araldica italiana diretto dal cav. G. B. di Crollalanza. Anno III, num. 4).

party avec le gouverneur du Lude qui était en grande réputation, et se maria avec une de ses filles. Un de ses enfants vint avec M. de la Trémouille à Vitré, en Bretagne, et s'y maria. Ses descendants firent en ce pays plusieurs alliances, surtout avec les Guillaudeu, étant venus ensemble.

» Quelques-uns embrassèrent la religion du seigneur de la Trémouille auprès duquel ils avaient des emplois considérables. L'un d'eux, nommé Nicolas Seré de Valsergues, commanda la garnison de Brouage (1), assiégée par le duc de Mayenne. Tué dans une sortie, il eut pour successeur Manducage, puis Beauvais Montfermier qui rendit la place et se retira à la Rochelle (2). »

On pouvait sans déshonneur se faire aider par de tels gens ou les compter parmi ses adversaires ; mais lorsqu'on s'appelait Montmartin et qu'on se laissait surprendre et chasser par *les méchants et enragés paysans des environs de Vitré*, il fallait en éprouver quelque confusion et en garder, paraît-il, une implacable rancune. N'ayant pas à épouser cette querelle, considérant d'ailleurs *que les paysans forment les trois quarts, peut-être les trois quarts et demi de la nation*, nous leur reconnaissons le droit de figurer dans l'histoire et d'y être traités avec considération et impartialité.

---

(1) Faits confirmés par Dupleix et Mezerai, etc.

(2) Tradition conservée par Messieurs Seré de Vitré, Seré de la Villemarterre, le chevalier de Seré, mousquetaire noir, et messire Augustin-François de Seré, prieur d'Aumeray, diocèse d'Angers, et vicaire général du diocèse de Vence.

Le jour même de la prise de Vitré par Montmartin, tous les habitants des paroisses environnantes *étaient advertis de se joindre ensemble pour faire le debvoir de gens de bien.* Il s'agissait de remettre la ville aux mains du roi. A la tête des bandes devaient marcher de bons gentilshommes terriers, soucieux des intérêts de leurs vassaux, partageant leurs réjouissances ou leurs deuils; pour cela, très-considérés et encore mieux aimés. Le rendez-vous était au grand pré du Mée où se tirait alors le papegault de l'arc. Nos paysans se gardèrent d'y manquer ; ils y vinrent en foule d'Étrelles, de Torcé, de Vergeal, d'Argentré, du Pertre. Il y avait là des gaillards bien découplés, *sachant joliment empenner une flèche ou mettre une arbalète en chorde*, équipés probablement de façon assez bizarre *avec javelots, fourches ferrées, haches d'arme, vouges, leviers, hallebardes; voir même quelques méchantes pertuisanes ;* au demeurant, robustes, allègres, se soucians peu de l'intempérie des saisons et très-désireux de tomber à bras raccourcis sur ces grands faiseurs de séditions qui mangeaient les bleds en herbe et réduisaient le pauvre peuple à se nourrir de racines crues.

Soumises à une vaillante impulsion, ces bandes pouvaient faire leur trouée et donner du fil à retordre aux troupes régulières. Montmartin l'éprouva, et jeté hors la ville, il dut reconnaître en son for intérieur que les paysans vitréens n'avaient pas besoin *de leurs grands fossés* pour être braves.

V.

Cette humiliante déconvenue n'ébranla pas l'assurance des protestants bretons qui spéculaient sans scrupules sur la mort du roi. Bien loin de s'espandre en gémissements et en larmes, à Vitré comme en toute la France, Israël s'apprêtait donc à rallumer sa lampe brutalement esteinte, à rétablir

Tous ses temples démolis.
Ses églises dissipées,
Ses unions desliées
Et ses prêches abolis.

Le 30 mai 1574, Charles IX expirait! Dès le 16 juillet, les réformés convoquaient à Milhau une nouvelle assemblée politique. Le prince de Condé, qui se disait *résolu à sacrifier ses biens et sa vie pour la délivrance de ses frères*, fut déclaré protecteur des églises de France.

C'est en ce mois de juillet que Gilles de Gennes commence la série d'acquisitions et d'échanges qui doivent mettre aux seules mains de ses héritiers les terres de la Gaulairie. Le 2 juillet 1574, au rapport de Pierre Sanson et de Jacques Le Blon, notaires, il acquiert de Jean Bagory et de Georgine Prodhomme une quantité de grange, courtil et verger. Le 22 mai 1578, étables, granges, champs et prés lui sont vendus par nobles hommes Gilles et Michel Julienne, sieurs de la Chappelays (1), demeurant au bourg de Chavaignes. Pour jouir de ces agrandissements, le lieu et le temps sont propices : de Gennes avait pour seigneur un corréligionnaire. Samuel de Beaumanoir, fils d'un protonotaire apostolique devenu huguenot, possédait alors Gazon, dont les nombreux fiefs s'étendaient sur Pocé, Champeaux, Marpiré, Montreuil-sous-Pérouse et jusqu'aux portes de Vitré. Sur le territoire où s'exerçait cette haute protection, nos réformés pouvaient se reposer à l'ombre de leur figuier ; aussi y formèrent-ils bientôt un véritable clan.

A la faveur de l'édit de mai 1576, ils s'étaient assemblés pour la première fois à Vitré, au nombre de trois cents, en la maison de Bodinais de Gennes. L'auteur de cet admirable renouvellement était maître Jacques Guineau, ministre de l'Église de Sion. Assisté du diacre Mathurin Le Moyne, il baptisa, le 28 juin, Jean Ravenel, fils de Gilles Ravenel et de Marie de Montlevaut. L'enfant fut présenté par Pierre Nouail de la Bazillais. Deux mois après, le baron de Vitré est de retour. Nouvel Élie, Merlin l'accompagne. Que le lecteur veuille bien se laisser imposer une nomenclature abrégée des beaux baptêmes, des brillants mariages qui se succédèrent alors. Le 28 octobre 1576, Marie de Vauborel, fille de

(1) Les Julienne de la Chappelays furent maintenus par arrêt du Parlement, 1778. — Thomas avait prêté serment au duc entre les nobles de Saint-Malo, 1437. — Pierre, mort en 1569, avait épousé Jeanne Le Bigot. — Gilles fut greffier aux grands jours de Bretagne, en 1550, puis maître des requêtes de l'hôtel de Catherine de Médicis, greffier en chef civil du Parlement (Potier de Courcy, art. *Julienne*). Sur les Julienne, lire *la Famille de Jeanne d'Arc* par de Bouteiller et de Braux, p. 152 et 277.

Léonard (1) et de Jeanne de Couaisnon, est présentée par noble Jean du Matz Montmartin, procureur de noble demoiselle Marie de Coligny, sœur de M. le comte de Laval. A cette même date, haut et puissant Guy de Coligny, comte de Laval, présente Paul du Matz.

Le 11 juin 1577, Sara Le Lymonnier, fille de Jean sieur des Heries et de Renée Le Moyne, est présentée par noble écuyer Jean de Martinez, juge de Laval, conseiller du roi en son parlement de Bretagne.

Le 22 décembre, maître Jean Colladon, ministre en l'église de Villiers-Charlemagne (Anjou), baptise André Le Jariel, fils d'André sieur de la Tuberie. En 1578, sont baptisés en l'église de Vitré, Anne de Montboucher, fille de René de Montboucher; Jean de Gennes, fils de Gilles et de Perrine Tirel, dame de la Gaulairie.

Passons aux mariages :

Pierre de Gennes épouse, en avril 1577, Michelle

---

(1) Les de Vauborel étaient originaires de Normandie. Jean, fils de Philippe et de Jeanne du Buat, épousa Guillemette de la Mazure. Il fut l'auteur de Guillaume du Haut-Manoir, dont les descendants se sont alliés aux Le Bigot, de Bordes, de la Piganière. De Siméon de Vauborel et de Louise-Charlotte de la Piganière vinrent : Louis de Vauborel, prêtre économe du séminaire de Caen, et René de Vauborel, officier de l'hôtel royal des Invalides.

De Jean et de Guillemette de la Mazure descendait notre Léonard de Vauborel, qui s'établit en Bretagne en épousant Jeanne de Couasnon de Bréman-Fany. Son ardeur pour la cause protestante lui valut les sympathies de Montmartin.

Tirel, fille de Pierre Tirel sieur de la Gaulairie. Cette même année et la suivante, le comte de Laval marie ses serviteurs : Estienne Rondel, l'un de ses valets de chambre, devient le gendre du ministre Berni; Christophe Le Noir, natif d'Orléans, autre valet de chambre du comte et son compagnon d'exil en Allemagne, prend pour femme Esther de Couasnon, fille du sénéchal de Vitré (1).

Guillaume Le Moyne Ganiais et Marie Ravenel, Bertrand Hardy et Guillemette Vincent, Thomas de Launay avocat et Georgette Tirel suivent d'aussi bons exemples et allument les flambeaux de l'hyménée.

De l'aveu des historiens protestants, les adeptes des nouvelles doctrines jouissaient alors en Bretagne d'une tranquillité fort appréciable. A Vitré, colloques et synodes se tenaient en assurance. « Si le corps de l'église
» comprenait trois cents personnes au jour du rétablis-
» sement, que faut-il penser de l'augmentation du
» troupeau par suite et de la paix de septembre 1577,
» et de la venue du comte de Laval qui pouvait, sous
» son ombre, rappeler et recueillir ceux de ses vassaux
» que la première et la seconde guerre avaient écartés
» soit aux îles, soit en Angleterre? » Que faut-il penser, ajouterons-nous, après Crevain, de l'empressement de tous à visiter leurs manoirs ou leurs maisons de retenue,

---

(1) De ce mariage naquirent : 1° André Le Noir, baptisé par Merlin, le 8 mars 1580, et présenté par André Couasnon, sénéchal de Vitré. Il fut ministre à Blain. 2° Guy Le Noir, qui devint pasteur de la Roche-Bernard et eut pour fils Philippe Le Noir de Crevain, l'historien des églises bretonnes.

à continuer ou à reprendre leurs chères habitudes de villégiature, à jouir en toute sécurité

> *Du printemps qui renouvelle*
> *L'esmail des prés et des champs,*
> *Qui rend aux sources profondes*
> *La vitesse de leurs ondes,*
> *Et aux oiselets leurs chants ?*

Accordons-nous aussi ce doux passe-temps. A trois siècles de distance, visitons les maisons champêtres bâties par les vitréens du XVIe siècle. Comme nous l'avons dit au commencement de ce travail, un grand nombre d'entre elles subsistent encore, mais bien peu gardent trace du mobilier d'autrefois. Les inventaires, les actes de partage nous permettront d'y suppléer et de restituer à ces intérieurs leur antique aspect.

Une salle au rez-de-chaussée, au-dessus chambre haute garnye de cheminée. Pour la desservir, un escalier tournant dans une demye-tour establie au-devant du logix et hors sa quadrature. C'est la plus modeste distribution (1).

Une grande salle avec cellier attenant. Sur cette salle et ce cellier, plusieurs chambres auxquelles monte l'escalier de la tourelle, tel était le plan adopté par les de Gennes pour leur maison de la Gaulayrie.

D'autres préféraient les dispositions suivantes : « Une » salle, cheminée en icelle, une cuisine séparée de » la dite salle par une cloison, cave sous le tout. Une

---

(1) Description du lieu du bourg de Montreuil-sous-Pérouze, possédé aujourd'hui par Mme Ragot.

» chambre haulte tuilée, vitrée avecq cheminée, autre
» plus petite sur la cuisine également garnye de che-
» minée et carlée de bois, greniers sur le tout; derrière
» le dit logis et hors la quadrature d'icelluy, une tour
» en laquelle est placé un escalier de bois pour le ser-
» vice des dites chambres et greniers, petit pigeonnier
» par le haut, laquelle tour contient en son diamètre,
» comprins les murs, onze pieds et demy. »

Sur ce dernier plan, on avait construit la maison principale du lieu noble du Boispéan, situé en la paroisse d'Izé. Jean Ravenel et Jeanne Geffrard, sieur et dame du Boisbézier en étaient propriétaires.

Généralement ces habitations joignaient la demeure du métayer et s'ouvraient sur son aire et sur une cour, dont le sol était encombré de paillers largement établis et haut montés. Parfois, devant le logis, s'étendait une vaste cour *close de murailles avecq ung grand portail pour y entrer; dans l'enclos de cette court, on voyait une maison bastie en coulombier, four et fournil, escurie, estables, fagotier, la grange et la demeurance du métayer* (1).

Assez parlé de l'extérieur, passons le seuil. Nous voici dans l'appartement principal, la salle où se réunissent maîtres, enfants et serviteurs, où se prennent les repas, où Dieu est invoqué au nom de tous par le père de famille, qu'il soit catholique ou protestant. Là se règlent les comptes avec fermiers et ouvriers, là sont fêtés les voisins et amis. Le jour y arrive au travers une

---

(1) Ainsi est le logeix de retenue du lieu noble de la Tisonnais, paroisse de Saint-Didier.

fenêtre défendue contre malvoulant par des barres de fer entrelacées avec art et armées de pointes aiguës. Dans l'un ou l'autre des pignons, une cheminée dont les jambages, les courges et le manteau, sont souvent en pierre, prend une notable place. Elle est ornée de moulures fort simples mais nettement accusées. L'âtre a des chenêts de fer surmontés de pommerettes de cuivre. Au milieu de l'appartement, nous trouvons la table de forme antique en bois de chêne ou de noyer. On voit adossés aux murs les escabelles, le buffet à deux corps, qui renferme la vaisselle d'étain, les hanaps et les aiguières d'argent, le coffre du quinzième siècle avec ses panneaux délicatement fouillés, sa serrure en fer, dont tous les détails ressortent sur une pièce de velours ou de maroquin rouge. Çà et là, dans l'épaisseur des murailles, quelques retraites formant placards, le tout d'aspect sévère tout à fait en rapport avec les mœurs *de gens qui aimaient mieux être que paraître.*

La chambre haulte était meublée par ces grands lits tendus de courtines en drap ou en serge, suivant les saisons. Chez les catholiques, apparaissaient appendues aux murs les imaiges du Rédempteur et de la benoîte Vierge Marie. Sur une table de moyenne grandeur, soutenue par six ou huit pieds tournés en spirales, une petite armoire conservait les bons auteurs, les registres de gestion, le mémorial de famille. Si la demeure était habitée toute l'année, ses parois disparaissaient sous les tapisseries de Flandres ou de Bergame. Aux plafonds, les poutres et soliveaux restaient apparents.

Nous décrivons ces héritages avec amour, avec ce tendre soin que nos pères apportaient à leur entretien, à leur transmission. Le chef de famille venait-il à disparaître? Huit, dix enfants étaient parfois appelés à partager sa succession. Que va devenir la terre de famille? Sera-t-elle vendue ou morcelée? Comment s'accorderont ces dix volontés? En statuant et ordonnant à l'unanimité que la maison et les terres chéries de tous seront possédées à perpétuité par l'aîné de leur famille et ses descendants, écoutez plutôt :

« L'an mil six cent un, le troisième jour du mois de
» janvier, environ midi, devant nous notaires soussignés
» des cours de Rennes (1) et de Vitré ont été présents
» honorables hommes Guy Hardy, sieur du Rocher, et
» André Morel, sieur des Bretonnières, bourgeois de
» cette ville de Vitré, demeurant, scavoir; iceluy Morel
» en cette dite ville et le dit Hardy au faubourg Saint-
» Martin, lesquels ont reconnu :

» 1º Qu'ils sont issus de même lignage et parentelle
» et être cousins germains, par être le dit Guy Hardy
» fils de défunt Jacques Hardy et le dit André Morel fils
» de défunte Jeanne Hardy, frère et sœur germains,
» issus du mariage de defunt Guy Hardy et de Fran-
» çoise Le Bigot;

» 2º *Que par leurs prédécesseurs et devanciers au-*
» *rait été statué, voulu et ordonné le lieu du Rocher*
» *avec les maisons et terres dépendantes d'iceluy,*
» *comme se poursuit, situé en la paroisse d'Erbrée,*
» *être à perpétuité en son entier occupé et possédé par*
» *l'aîné de leur famille et descendants de luy qui le re-*
» *présentent, pour en jouir seul par préciput et pré-*

(1) Ces notaires sont Garault et Jean Le Clerc.

» *férence sans être partagé entre ceux de la famille,*
» à la charge de faire célébrer une messe par certain
» jour en chacune semaine annuellement et perpétuel-
» lement, d'entretenir et faire continuer la célébration
» d'icelle par un prêtre, moyennant salaire compétant
» sur l'hypothèque spécial du dit lieu du Rocher, dont
» le dit Guy Hardy, représentant l'aîné de la famille,
» est à présent propriétaire et par conséquent tenu à la
» charge ci-dessus spécifiée.

» Ceci exposé et reconnu véritable, André Morel dé-
» clare qu'il a fait construire une chapelle à sa terre
» des Bretonnières (1), située en la paroisse d'Erbrée,
» mouvante du même ramage et tige que le lieu du
» Rocher, qu'il désire que la dite messe soit à l'avenir
» célébrée en sa chapelle. Il fait remarquer qu'il est
» des proches de la ligne et parentelle de ceux qui l'ont
» fondée et dotée, qu'il pourra plus facilement et soi-
» gneusement avoir égard qu'elle soit bien et dûment
» entretenue et continuée. Bref, il demande qu'il lui
» soit délivré par chacun an quelque somme de de-
» niers pour le salaire du prêtre auquel elle sera pré-
» sentée.

» S'inclinant pour les susdites causes et considéra-
» tions, Guy Hardy accorde et consent au nom de luy
» et ses hoirs audit Morel pour luy et les siens succes-
» seurs possédant le dit lieu et terre des Bretonnières,
» qu'à l'avenir ils disposent de la présentation de la dite

---

(1) M. le baron de Berthois, propriétaire des Bretonnières, a fait restaurer la chapelle construite par André
Morel.

» messe et qu'ils la fassent célébrer en leur chapelle,
» par tel prestre que bon leur semblera qui soit digne,
» suffisant et capable de ce faire. Et pour les hono-
» raires de cette messe, Guy Hardy délivrera à André
» Morel et successeurs le nombre et somme de deux
» écus et demi, vallant sept livres dix sous tournois par
» chacun an, payables par deux termes moitié par
» moitié, scavoir au terme des jours et festes de Noël
» et de St Jean-Baptiste... et ce faisant, le dit Hardy
» ne dérogera pas à son droit d'aînesse et préciput qui
» appartiennent à luy et aux siens. »

Cet acte, non moins curieux qu'instructif au point de vue de l'organisation et de l'histoire des familles, fut passé entre un catholique et un protestant. Le 26 août 1579, Guy Hardy sieur du Rocher, avait épousé à la façon huguenote Marie Le Febvre. On s'explique dès lors la facilité avec laquelle il charge son cousin de faire célébrer la messe fondée par ses antécesseurs. Au siècle suivant, une de ses petites-filles épousera Benjamin de Gennes, descendant de nos sieurs de la Gaulairie.

Deux ans après le mariage de ce Guy Hardy, Nicole Berny, ministre du saint Évangile du Christ dans l'église de Vitré, mourait avec la consolation et le légitime orgueil d'avoir représenté la Bretagne au synode national tenu à la Rochelle le 28 juin 1581. Cette assemblée rendit le décret suivant : « Les ministres qui appartiennent aux églises de France et demeurent néanmoins hors de ce royaume seront rappelés par le synode de leur province. » La décision avait, paraît-il, une importance particulière pour plusieurs églises bretonnes, qui *se hâtèrent de rappeler leurs ministres absents, mais les attendirent longtemps et en vain.*

En l'année 1583, plus fertile qu'aucune autre en assemblées ecclésiastiques et politiques, le douzième synode national se tint à Vitré, au château du comte de Laval. Merlin en fut élu modérateur. « La compagnie, considérant le grand nombre de calamités présentes et futures, comme la guerre, la peste, la famine, la révolte de plusieurs, le peu de zèle de la plupart de ceux qui n'abandonnaient pas le culte évangélique, fut d'avis d'ordonner un jeûne qui serait généralement célébré, par tout le royaume de France, un jour de la semaine de juillet, selon la commodité des églises. »

Quels pouvaient être les désordres capables de blesser aussi profondément les âmes apostoliques de ces dignes personnages ? Les actes du synode de Josselin vont nous les révéler :

Parmi les calvinistes de la Roche-Bernard, plusieurs appréciaient vivement le plaisir de la danse et s'y livraient sans tenir compte des avertissements du ministre Louveau qui les priva de la cène. Un de ces excommuniés se présenta devant l'aréopage réuni à Josselin, pour y plaider sa cause. « Il remontra qu'il ne trouvait point, en termes exprès, que la danse fut défendue par la parole de Dieu, la croyant innocente ou indifférente, surtout en maison privée chez des amis. On lui opposa de bonnes raisons auxquelles il acquiesca. Reçu en la paix de l'église, il y produisit, suivant Crevain, des fruits de pénitence jusqu'à son décès (1). »

---

(1) Crevain, p. 247.

Ce fut, hélas ! le seul acte de repentir à enregistrer. Les autres coupables ne se sentant pas d'humeur à subir le jeu de boule ou le jeu de quilles à perpétuité, continuèrent à danser, à savourer la bonne musique, toutes choses formellement interdites par le rigorisme de Calvin.

Ce synode réuni à Josselin, en juillet 1581, fut suivi d'un colloque à Vitré et d'une assemblée politique à Blain. Nos protestants usaient et abusaient ainsi des faveurs que l'édit de Loches leur avait octroyées. Pour s'être jetés sur les gens du roi en 1574, pour avoir donné la main aux politiques malcontents, *on leur avait accordé des chambres mi-parties dans les parlements du royaume, l'accession à tous les emplois, charges et dignités de l'État. Ils avaient permission d'enseigner, d'administrer les sacrements, de tenir écoles publiques et consistoires.*

Le parti reçut le tout avec joie et des sentiments de reconnaissance qu'il manifesta en s'emparant de Concarneau dès 1577, de Montaigu en 1579, en rassemblant à Vitré, sous les auspices de la très-huguenote et trèsgalante comtesse de Laval, une masse de gens d'armes prêts à tout entreprendre pour l'exaltation du pur évangile.

VI.

Les catholiques n'avaient pu voir, sans un douloureux étonnement, les nouvelles défaillances du pouvoir. Se sentant livrés aux insolences des hérétiques, ils avaient formé, pour la défense et la conservation de la foi, une vaste et puissante association (1). La Ligue fut l'expression légitime, réfléchie d'un sentiment national. Si ce sentiment fut exploité par les ambitieux, les exaltés, les brouillons, n'est-ce pas la faute de ce triste roi qui ne sut pas le faire respecter, encore moins le contenir dans de justes bornes ?

En Bretagne, paysans, bourgeois, gentilshommes se levèrent avec la conscience de l'acte qu'ils accomplissaient. Nous en avons pour témoignage irrécusable, ce chant populaire :

« *Tous les bretons se sont levés, paysans et gentilshommes, et la guerre n'aura point de fin, si le ciel ne vient en aide aux hommes.*

» *On les vit rassemblés pour aller combattre aux frontières de Bretagne, le jeudi de Pâques, au lever de l'aurore, chacun un arquebuse sur l'épaule, chacun une épée au côté, le drapeau de la Foi en tête.*

---

(1) La détermination des princes de ne pas revenir à la cour, les mesures de sûreté qu'ils prenaient, *l'apparence hostile que conservaient les huguenots dans tout le royaume*, étaient autant de motifs pour les catholiques de resserrer leur union et de se préparer, si ce n'est à la guerre, du moins à la résistance.

(Sismondi, t. XIX, p 352.)

» *Avant de partir, ils entrèrent dans l'église pour prendre congé de saint Pierre et du Seigneur Christ; et en sortant de l'église, ils s'agenouillèrent dans le cimetière;*

» *Or çà, Haute-Cornouaille, voilà vos soldats! Voilà les soldats du pays, les soldats unis pour défendre la vraie foi contre les huguenots, pour défendre la Basse-Bretagne contre les Anglais et les Français, et tous ceux qui ravagent notre patrie, pire que l'incendie!*

» *En quittant le cimetière, ils demandaient en foule:*

— *Où trouverons-nous du drap rouge pour nous croiser présentement?*

» *Le fils du manoir de Kercourtois repartit en brave: Prenez exemple sur moi et vous serez croisés!*

» *A peine il achevait ses mots qu'il s'était ouvert une veine du bras, et que son sang jaillissait, et qu'il avait peint une croix rouge sur le devant de son pourpoint blanc, et que tous ils étaient croisés dans un instant* (1). »

Avec ce même élan, avec cette même conviction, la grande majorité des habitants de Vitré, les paysans et gentilshommes des campagnes environnantes embrassèrent le parti de la Ligue. Ils suivirent en cela l'exemple des autres provinces françaises.

---

(1) « Ce chant a été composé depuis que nous sommes en route; il a été composé en l'année 1592 *par un jeune paysan,* sur un air facile à chanter. »

(*Chants populaires de la Bretagne*, recueillis par M. de la Villemarqué, t. II, c. VIII.)

Trop occupé de ses mignons, guenons et perruches (1), Henri-III ne put trouver le temps de diriger un mouvement qu'il avait autorisé aux états de Blois ; il laissa jouer son rôle par un prince dont les talents, l'influence, l'activité ne tardèrent pas à lui porter ombrage.

Le traité de Nemours imposé par les ligueurs vint accuser l'effacement de la majesté royale et mettre en relief la personnalité du duc de Guise. Pour un fils de Catherine de Médicis, restait un moyen de gouvernement : l'assassinat. Il fut adopté, et le 23 décembre 1588, le poignard eut raison de cet homme trouvé si grand pendant sa vie, plus grand encore après sa mort.

On peut se figurer l'indignation des catholiques, elle fut universelle et se traduisit par un soulèvement *passionné*, *contagieux* (2). En Bretagne, on se serra

---

(1) Le jour du carême-prenant, le roy avec ses mignons furent en masques par les rues de Paris où ils firent mille insolences, et la nuit allèrent roder de maison en maison, faisant lascivetés et vilenies avec ses mignons frisés, bardachés et fraisés, jusqu'à six heures du matin du premier jour de carême. (Lestoile, p. 387, t. I). Il est vrai qu'au mois de mars, le même roy instituait une nouvelle confrairie qu'il fit nommer « des Pénitents, » de laquelle luy et ses deux mignons se firent confrères (p. 389).

Il dépensait 1,200 mil écus au mariage du duc de Joyeuse, et ne pouvait solder 500 mil écus d'arrérages dus aux cantons suisses (p. 341).

(2) La mort violente de Guise avait bien plus irrité qu'affaibli la Ligue. Le soulèvement contre son assassin fut passionné, contagieux. La plupart des grandes villes de France, Paris, Rouen, Orléans, Toulouse, Lyon, Amiens, des provinces entières se prononcèrent ardemment contre le roi assassin (Guizot, t. III, p. 421).

autour du duc de Mercœur, *auquel presque toute la province était soumise, à l'exception de Rennes, Brest et Vitré.* Cette dernière ville se trouvait administrée par des catholiques. Son château était aux mains du roi et des huguenots, car depuis la mort du duc d'Alençon et l'alliance des deux Henri à Tours, les réformés français abandonnant leurs rêves républicains, faisaient profession du plus ardent royalisme.

Devenu maître de Rennes après la journée des barricades, Mercœur marcha sur Fougères le 21 mars 1589. Ce même jour, les huguenots s'emparaient de Vitré. Prévoyant que cette ville ne tarderait pas à devenir l'objectif des ligueurs, Montboucher et Vauborel, suivis de leurs amis et de leurs gens, s'étaient jetés en toute hâte dans le château : mais comment s'y défendre avec quelques chances de succès si la ville demeurait aux mains des papistes? Le seul parti à prendre était de leur tomber sur le corps, ce qui fut promptement résolu et exécuté. On jeta hors les murs les plus déterminés des catholiques. Naturellement, ces expulsés s'en allèrent à Fougères réclamer l'appui du duc de Mercœur.

Trois d'entre eux, *Guillaume de Gennes La Grange, Pierre Frain* et *Pierre Duboys* (1), furent députés vers la communauté de Rennes. Porteurs d'un sauf-conduit signé du duc, ils demandèrent en son nom que

---

(1) Lire dans l'opuscule de M. Ropartz *(la Journée des barricades et la Ligue, à Rennes)*, la réception de nos trois députés par la communauté de Rennes, p. 92, 93 et suivantes.

messieurs de cette dite communauté voulussent bien faire ce bien à messieurs de Vitré catholiques, de les accomoder de deux pièces d'artillerie pour s'aider contre les hérétiques qui s'étaient emparés de la ville et château de Vitré et ont mis grande partie des catholiques et leurs femmes hors.

Guillaume de Gennes La Grange est l'auteur d'un mémoire généalogique composé en 1588. Il s'y déclare fils de Gilles et d'Anthoinette Le Bigot, cousin germain de Gilles de la Gaulairie et de Guillaume Cordionnais, arrière-petit-fils de Guillaume de la Mazure.

Pierre Frain, dont les descendants devaient s'allier aux de Gennes et posséder la Gaulairie, fut compris dans l'ordonnance du sénéchal de Rennes contre les ligueurs vitréens. Il se réfugia à Saint-Malo et y demeura plusieurs années. Connaissant sa catholicité, le bon zèle et affection qu'il avait pour le saint parti de l'union, le duc de Mercœur le gratifia, en 1597, d'une sauvegarde qui lui permettait de se retirer avec sa famille, ses biens et gens et domestiques, en ses maisons et terres de la Poultière et de la garenne Saint-Christophe en Saint-Martin, de la Barbotterie en Etrelles, du Bois-Jaril en Erbrée, l'exemptait de loger aucun gens de guerre, et afin que nul ne prétendit cause d'ignorance, il était autorisé à faire mettre les panonceaux des armoiries ducales aux portes advenues et lieux plus éminents de ses maisons.

Heureux qui pouvait en ces temps troublés, se procurer d'effectives sauvegardes! Depuis la prise de Vitré par les protestants et son investissement par les ligueurs, jusqu'aux pacifications d'Henri IV, il ne fut plus question de sécurité pour les campagnes environnantes. Elles devinrent un champ de bataille où la guerre civile promena le meurtre, le pillage et l'incendie (1). Cham-

---

(1) En août 1589, Montboucher brûle les forsbourg de Vitré, Les soldats violent femmes et filles, pillent l'église Saint-Martin. emprisonnent les prêtres (Voir les notes hist. publiées par l'abbé Paris-Jallobert.) (*Journal de Vitré*, 29 juin 1878.)

Bourdon dit Bourdonnais, occis en cette ville, le 28 septembre 1590.

Pierre Le Voyer, occis près Cantache par les ennemis, 20 octobre 1590 (Ext. Prot.)

Jolitemps tué par les ligueurs, près du Mesnil, allant à Epinay.

Esc. Paul de la Vayrie, sieur de la Riardiere, fiancé à la fille de M. de Cohigné, tué le 15 août 1594, dans une charge entre les gendarmes de Vitré et ceux de Fougères.

Le 21 février 1591, André Gouverneur, ligueur, tué dans une rencontre.

M. de Châteauneuf prist la maison du Plessix-Raffray avecq un nombre de butin et plus de trente prisonniers ligueurs qui estoient au sieur de Mercœur. (Pichart, col. 1703.)

En janvier 1590, La Touche Guinière et le Moine Micheslaye, ravageaient les pauvres paysans, bruslaient et volaient tellement que l'on fut obligé d'y envoyer des compagnies de cette ville.
(Pichart, col. 1705.)

Lire dans Montmartin, le récit du combat livré au pont Jousselin, l'attaque de Champeaux (1591), par les sieurs de Chamballan, de Pérac et de La Faucille, le siége et la prise de Châtillon ; le pillage et saccage de la maison de la Roberie, près La Guerche, *toute confite en ligue;* le chastiment et la réduction des paroisses circonvoisines, par le glaive, le feu et la corde.

Les Anglais, tombés en de grandes langueurs à cause de leur

peaux, Châtillon, Izé, Étrelles, La Guerche, Domagné, Châteaugiron furent dévastés par les marches et collision des deux partis.

Pendant cette désastreuse période, l'histoire accuse le désordre des affaires publiques, la diminution de la prospérité vitréenne. Pour démontrer à notre tour, la perturbation existant alors dans les affaires privées, nous citerons un fait saisissant par le nombre et la qualité des individus qu'il intéresse :

Parmi les compagnons d'infortune de nos trois députés, nous distinguerons Macé Bonnieu, sieur de la Poterie. « Le neuvième jour du mois de may mil cinq cent soixante-quinze, ce vitréen avait acquis de noble homme Jean Chevallerye, sieur de la Touschardière, le lieu de la Mathelays, situé paroisse d'Etrelles, pour la somme de troys mil quatre cents quatre-vingt-treize livres, paiées comptant. » Cette acquisition était faite à condition de racquit de quatre ans. Ce temps expiré, l'acquéreur demande à être mis en possession réelle des choses à luy vendues, et pour ce, il fait appeler Jean Chevallerye en la juridiction de Vitré. Suit une sentence du 18 août 1581, ordonnant que Chevallerye remboursera dans six sepmaines le prix du contrat, faulte de quoy, Macé Bonnieu sera mis en possession de la Mathelays. Notre vendeur qui, entre parenthèse, est une des colonnes de l'église protestante, n'entend

gloutonnie, se rafraîchissent à Vitré, en 1592, pour de là aller au Maine et environs de Sainte-Suzanne, *où ils vivent comme Anglais ont accoutumé de faire en France.*

(Mém. de Montmartin.)

pas de cette oreille ; il appelle au présidial de Rennes où la sentence est confirmée. Chevallerye s'en va devant la court, prend incidemment *lettres royaux* en la chancellerie, afin de faire casser, comme pignoratif et usuraire, le contrat qui l'offusque. Pour prix de ses efforts, la court maintenant les sentences des juges de Rennes et de Vitré, le condamne aux dépens, dommaiges et intérêts vers Bonnieu qui est mis en possession de la Mathelays, le trois avril mil cinq cent quatre-vingt-six par monsieur maistre Jacques Gaultier, conseiller en la cour et commissaire dicelle.

Les dépens, dommages et intérets de non jouissance adjugés par l'arrêt, s'élevaient à la somme de six cent soixante et un escu dix souls, six deniers. Lassé d'en attendre le paîment, Bonnieu fait saisir et vendre sur Marguerite Ravenel, veuve de Jean Chevallerye et tutrice de ses enfants, le lieu et métairie de la Robannerie, situé en la paroisse de Notre-Dame de Vitré ; il en devient acquéreur pour la somme de sept cents cinquante escus, suivant contrat d'adjudication, fait au siège présidial de Rennes, le sept janvier mil cinq cents quatre vingt huit.

L'année suivante, Bonnieu est mis à la porte de Vitré avant d'avoir pris possession de son nouvel acquêt. S'autorisant de ce défaut de forme, Ysaac Chevallerye, fils aîné, héritier principal et noble de feu Jean, vend la Robannerie (1) à messire Paul Hay, seigneur chastelain des Neptumières, conseiller du roi

---

(1) Par suite d'échanges, la Robannerie est devenue propriété des hospices de Vitré.

en ses conseils privés et d'estat, président en sa court du parlement de Bretagne lequel prend possession pendant que Bonnieu et sa famille sont retirés en la ville de Fougères, tenant le parti du deffunt seigneur duc de Mercœur. Les temps devenus meilleurs, les enfants et héritiers de Bonnieu disent que cette prise de possession ne pouvait avoir lieu au préjudice du contrat judiciel fait à leur père. En conséquence ils se font mettre en possession de la Robannerie. Le sieur des Neptumières proteste et appelle à garand noble homme Elye Chevallerye, curateur de damoizelle Suzanne Chevallerye, unique fille d'Ysaac. Elye prend le garand et se porte appelant de l'adjudication faite à Macé Bonnieu. Sur les entrefaites, Suzanne Chevallerye, épouse noble homme Yves de Taillefer (1) sieur de la Lande. Ce nouveau venu, pour tout éclaircir, et tout pacifier, s'en va devant la cour de Rennes se pourvoir en revendication de la Mathelays.

Les procédures s'entassent, les frais sont doublés, triplés et l'affaire s'éternise. Un beau jour, pourtant, las de la longueur des grands frais et mises qui peuvent s'ensuivre à la perte et coustaige de chacune des partyes, on se décide à en sortir par le moyen de transaction et accord ; à laquelle fin se présentent devant maître Françoys Turmel et Jacques Pays, notaires royaux en la court et

---

(1) Les Taillefer faisaient partie de ce clan protestant groupé autour des Montgommery. Ils se sont alliés aux de Verdun, de Camprond, Davy. Ces derniers avaient appartenu à la réformation, témoin escuyer Gedeon Davy, mari de Jeanne de Gaalon et ce Julien Davy, calviniste retiré à Berne, père de l'illustre *Jacques Davy, cardinal du Perron.*

senéchaussée de Rennes : Paul, seigneur des Neptumières, résidant en cette ville de Rennes; Yves de Taillefer, résidant en sa maison de la Lande, paroisse de Saint Lorant de Terregaste, évêché d'Avranches, pays de Normandie, représentant autorisé de sa femme Suzanne Chevallerye ; escuyer Thimothée Chevallerye, sieur du Boisanger, demeurant à son lieu de la Ripvière, paroisse de Balazé, tant en son nom que comme procureur de nobles gens Pierre de Boisbéranger et demoiselle Marguerite Chevallerye, sa femme, sieur et dame de la Tizonnière ; escuyer Jean Chevallerye, sieur dudit lieu, demeurant aux Rochers, avec le seigneur d'Olivet, paroisse de Saint Martin, près Vitré ; damoiselle Marie Chevallerye, femme et procuratrice de noble homme Louis de la Varye, sieur de Long Champ ; noble homme Claude Gobé, sieur de la Houssaye, mari et procureur de damoiselle Anne Chevallerye. Lesdicts Taillefer et Chevallerye s'engagent pour nobles gens Jacques Brossart, et Jeanne Chevallerye, sa femme, sieur et dame de Launay; ils se déclarent consorts et héritiers desdits Jean et Ysaac Chevallerye.

D'autre part, se présentent : Noble homme maistre Jean de Bregel, sieur de la Gambretière, conseiller du roy, et lieutenant général en la juridiction de Foulgères mari et procureur de droict de damoiselle Jeanne Bonnieu, procureur en oultre, d'honorable homme Macé Bonnieu, sieur de la Poterie (1), d'Estiennette

---

(1) Perrine Bonnieu épousa Jean Le Corvaisier de la Courgelée. Macé Bonnieu, marié à Marie Lair, mourut, laissant quatre enfants en bas âge. A leur tutelle comparurent (1615) :

Jean de Bregel; Jean Le Corvaisier de la Courgelée; Guilet Perrine Bonnieu, dames de la Mathelays et de la Bouscherie, et Guillaume de Gennes (1) des Noës mary et procureur de droict de Françoise Bonnyeu, lesdicts Bonnieu, enfants et héritiers de notre ligueur.

Entre ces parties, est fait accord et transaction comme en suit :

Les Taillefer et Chevallerye consentent que les Bregel, Bonnieu et de Gennes, demeurent seigneurs et possesseurs irrévocables du lieu, maison et métairie de la Mathelaie. De leur côté, les Bonnieu accordent au seigneur des Neptumières, la possession irrévocable de la Robannerie ; mais pour dépens, dommaiges-intérêts, et non jouissance, ils reçoivent des

---

laume de Gennes, sieur des Noës ; Françoise Bonnieu ; André Bonnieu des Vallerais ; Renée Bonnieu, dame des Briettes ; René Nouail des Briettes, son fils ; Thomas Bonnieu, sieur de la Touche ; René Le Maczon, sieur de la Clairderie ; Mathurine Le Moyne, sieur de la Mimerais ; Estienne Le Cocq Rouxière, mari de Jeanne Le Royer ; Gilles Le Moyne de la Borderie ; Samuel Le Moyne de la Gasniais ; Jean Le Moyne, sieur de la Chapronnière ; Jean le Royer, sieur de la Louinière ; Jean Geffrard, sieur des Beauses, mari de Perrine Le Moyne ; René Guy Foucherie ; Perrine Besnardais ; Estiennette Le Royer, dame des Ourmeaux ; le sieur de Champguyon, mari de Perrine Le Royer.

(1) Guillaume de Gennes était fils de Guillaume de la Cordionnays et de Jeanne Nouail. Sa sœur, Suzanne de Gennes, épousa René Lambaré, sieur de Laigrière. Dans son contrat de mariage, au rapport de Sigay et Lecouvreulx (4 janvier 1618), il est dit que son père était fermier général des grosses fermes de Bretagne, qu'en cette qualité, il est dû à ses héritiers une portion *en la succession de la feue reyne mère, vivante nommée Catherine de Médicis*, en conséquence des actes passés entre elle et le défunt Guillaume de Gennes Cordionnays.

Taillefer et Chevallerye, la somme de trois mille livres.

Vingt-sept ans après l'ouverture du premier procès, cette transaction faite et consentie, le seizième jour d'april mil six cent huit, au logis de Paul des Neptumières, terminait la remarquable série de procédures où le catholique fervent se trouve aux prises avec le calviniste actif et batailleur. Jean Chevallerye figure, en effet, en tête du premier registre des baptêmes protestants. En 1560, il est parrain de Jehan Chevallerye, fils d'écuyer René et de demoiselle Guillemette de la Massonnays. Au mois de mars de la même année, il fait baptiser son fils Jean, par François Dureil. Isaac, qui fut son héritier principal et noble, reçut le baptême à Liffré des mains de Pierre Le Gendre. Ses proches parents, Georges Chevallerye, sieur de l'Espronnière, Amory, sieur de la Baratière, sont également dévoués aux intérêts protestants. En 1590, Jacques Raton, sieur de Brissac, mari de Jeanne Chevallerie (1), empêchera les catholiques de rentrer en maîtres dans nos murs (2). Ses autres alliés comptaient, *parmi ces six vingts hommes de combat, tant gentilshommes, habitants que soldats, qui défendirent courageusement Vitré, jusqu'à ce que le secours fut entré.*

---

(1) Le 2 janvier 1594, Jacques Chevallerie, fils d'écuyer Michel de Lespronnière et de demoiselle Olympe Crespin, est présenté par Jean de Coisnon, sieur de Trelan, et Jeanne Chevalerie, femme du sieur Raton de Brissac, sergent-major (Ext. Prot).

(2) Vingt-six ligueurs périrent en cette occurence ; trois furent pendus.

Lavardin amena ce secours inespéré. L'itinéraire qu'il suivit, les adversaires qu'il eut à combattre, nous donnent le droit d'insister sur cet épisode. Parti de Rennes à la tombée de la nuit, pour éviter les rassemblements de paysans et leurs barricades, il arriva aux Tertres-Noirs avant le lever du soleil. Aussitôt il fait sonner la charge, culbute les postes ligueurs et par la poterne du château entre dans la ville. C'était déjà un fort beau succès; mais il fallait retourner à Rennes, *entreprise des plus hasardeuses à cause des paysans et gentilshommes ligueurs qui le guettaient de tous côtés* (1). Laissant aux assiégés cent cuirasses et autant d'arquebusiers, il part de grand matin à la tête de cent bons chevaux. Dès la sortie de Vitré, le cheval de son guide tombe ; réduit à suivre ses inspirations, il se dirige vers la propriété de son cousin Samuel de Beaumanoir. Sur les terres et fiefs qui en dépendent, les paysans seront sans doute moins opiniâtres, et pendant une lieue, une lieue et demie, sa troupe aura quelque relâche. Promptement arrivé à Gazon, il passe la Cantache au gué de Rabaut, chevauche sur les landes de Corbannes pour gravir ensuite le coteau que dominent le Feu et Mondable. A partir de là, on entrait en un pays où toutes advenues étaient barricadées et défendues par des paysans armés d'arquebuses, de javelots et de hallebardes. Il fallut plusieurs fois mettre

(1) Dans son dernier volume de Preuves, dom Morice a donné la liste des ligueurs des environs de Vitré. Comme on peut affirmer que les promoteurs du mouvement catholique, ses chefs les plus actifs et les plus autorisés y figurent, nous mettons leurs noms sous les yeux du lecteur. (Voir l'Appendice.)

pied à terre pour tenir tête à ces acharnés adversaires. Sur la lande d'Yzé, chef et escorte périssaient misérablement sans un paysan qui, séduit par l'appât du gain, leur indiqua un passage libre près la chapelle de Bon-Secours. Laissons-les courir vers Rennes et revenons à cette tenue de Gazon qu'ils ont traversée avec tant de précipitation. Tout à loisir, visitons les fiefs et mestayeries; parlons du maître et des vassaux, et chemin faisant, ne laissons pas d'admirer les merveilles que dame nature a semées çà et là avec profusion.

VII.

A tout seigneur, tout honneur ! Voici le châtelain de céans : noble et puissant Samuel de Beaumanoir, petit-fils de Charles vicomte du Besso et d'Ysabeau Busson, qui fille était de Guillaume Busson et de Jeanne de Sévigné. Il a pour femme noble dame Marie d'Antraignes et pour enfant damoizelle Marguerite de Beaumanoir, qui sera mariée à Philippe du Matz, sieur de Terchant et de Montmartin. Ces respectables personnages ont à Gazon manoir, portaux, chapelle, coulombiers, escuryes, fournil, grange et pressoir, jardins, vergers, douves, étangs et viviers, le tout en un circuit; bois de haute futaie, prairies, rabines et garenne complètent l'entourage.

Proche le manoir, nous trouvons la maison de demeure, la grange, les estables du métayer de Gazon. Les champs de cette métairie et du domaine de la Touche sont à dextre et à senestre, en montant le chemin qui conduit aux Gaulairies et à la Courbe. Ce chemin est raboteux, malaisé. Au sommet du côteau, il fait bon reprendre haleine. Comme nous sommes convenus de marcher à notre guise, détournons à gauche dans une rabine plantée de châtaigniers. De là, si les tailles qui descendent à la Cantache sont encore jeunes, nous aurons sous l'œil une délicieuse contrée. Au nord est, les montagnettes de notre pays ferment l'horizon. Sur une de leurs crêtes, se dressent le bourg et l'église de Montautour. Né au pied de ces hauteurs, le ruisseau de Pérouze s'engage entre deux chaînes de collines, dont on distingue aisément le relief et la sinueuse disposition. Dans une profondeur de cette vallée, se cache le bourg de Montreuil, et c'est après l'avoir dépassé que la Pérouse s'unit à la Cantache. Sortie du défilé où elle coulait entre les pentes rocheuses et boisées du Moulin-Neuf et de la Cordionnais (1), cette rivière promène paresseusement ses eaux dans les prairies de Mondable, de Gérard, de Monlevrier. En ce large bassin, elle reçoit également les ruisseaux venant des hauteurs de Châlet (2) et de Landavran, puis, se glissant par l'étroite passe qui sépare le mamelon schisteux du Chemin des côteaux de la Motte, elle serpente au fond de cette gorge dont nous avons dit naguère les délicieux ombrages. Rencontre de collines, vallons largement ouverts, étroits défilés, côteaux s'avançant en promontoires, pentes abruptes ou doucement inclinées, ces divers accidents de terrain, tour à tour dans l'ombre ou la lumière, forment un ensemble des plus pittoresques.

Sur une grande partie de ce territoire s'étendent les fiefs dépendant de Gazon. Pour en connaître les beaux droits et les bonnes redevances, consultons l'aveu rendu en 1595 par les Beaumanoir à très-haut et très-puissant seigneur Guy, comte de Laval, Mont-

---

(1) Le Moulin-Neuf appartient à Mme Galbrun. La Cordionnays, à M. J. M. Lorin.

(2) Châlet est la propriété de Mme Caillel du Tertre, née de la Faucillonnays.

fort, Quintin et Harcourt, vicomte de Rennes, baron de Vitré, sire de Rieux, Rochefort, Avaugour, la Roche-en-Nord. Dans cet acte, ils confessent être sujets dudit Comte, à cause des choses cy après déclarées, qu'ils tiennent prochement, noblement à foy et hommage sans aulcun devoir de rachapt ni chambellenage. Scavoir : en la paroisse de Montreuil, le lieu domaine et métairie du Chemin.

Le Fief de Mondable (1) et de l'Éguillerye auxquels sont hommes et teneurs : Bastien Boucherye, Jean André et sa femme, Jean du Chesne le jeune, dom Macé Thouin, Guillaume de Gennes Cordionnais, dom André Rouxigneul, Jean Clavier le jeune... Pierre Ribretière (2), Françoise Sernois, René Ravenel, Jacques Le Fort l'aisné, Jacques Sernois et autres, tant estagers que non estagers. Quels doibvent assemblement par chacun an au dit seigneur de Gazon, scavoir : par deniers, quarante sols ; par avoyne, dix boisseaux, outre obeissance devoir et sergentise en leur tour et rang.

Le Fief de Montlevrier, dont les teneurs Jean

---

(1) Mondable est aujourd'hui à M. Isidore Rupin.

(2) Pierre Ribretière, sieur de la Hamelinais, était fils de Julien et de Guillemette Levesque, sieur et dame des Hurlières. Il avait épousé Barbe Séré, d'où : Mathurine Ribretière, mariée à Jean Le Moyne de la Chapronière, et Perrine Ribretière, épouse de Jean Bernardais. Cette dame fonda, en 1632, trois messes par semaine pour être dites à l'autel de Notre-Dame de Pitié. Elle fut inhumée devant cet autel.

(Renseignements communiqués par M. Le Sage, avocat, ancien maire de la ville de Dinan).

Geslin sieur de la Chevallerye (1), Michel et Olivier Bigot, Jean Guy l'ainé, Thiennette Gallocher, Marie Masson, Pierre Ribretière, les enfants de feu Mathurin Ronceray, Vincent Orrière, Pierre Guy, etc., doivent par chacun an quatre livres ung souls six deniers, vingt-cinq boisseaux d'avoine, plus obeissance et debvoir de sergeantise.

Au fief et baillage de la Gastelaye : Jacques et Pierre Sernoys, dom Macé Thouin, Mathurine Busson, Pierre Catherine, Perrine Orry, Jeanne et Armelle Busson, Jeanne Gaufart, André Pigeon, Jeanne et Guillemette Davy, Pierre Thouin, Hélène..., dom André Rouxigneul, Pierre Ribretière, Jacques Le Fort l'aisné et le Thrésorier de la Magdeleine de Vitré, doivent, outre obeissance et sergeantise, la somme annuelle de soixante sols.

Reste en cette paroisse le fief de la Citardière. Ses hommes et teneurs, scavoir : Jean Droyaulx, Bertranne Georgeault femme de maître Grasien Duval, Anthoinette Georgeault et autres, doivent soixante-dix sols de rente au terme d'Angevine.

Sur ce fief, il appartient au seigneur de Gazon d'avoir et tenir à présent et de tout temps immémorial un escu planté commodé à courir quintaine. A ce devoir de quintaine sont tenus tous hommes du tiers état qui épousent et couchent la nuit de leurs noces en ladite paroisse de Montreuil. S'ils viennent à espouser

---

(1) Mme de Vauguion, née de la Borderie, propriétaire actuelle de la Chevallerie, a fait relever la chapelle de Saint-Armel, située sur la route de Vitré à Champeaux.

en autres paroisses et qu'ils couchent en icelle paroisse, ils sont également sujets au dit devoir. Ceux des nouveaux mariés qui consentent à courir quintaine (1) doibvent au seigneur quatre boisseaux d'avoine. Ceux qui veulent s'en dispenser lui donnent huit boisseaux.

En la paroisse Notre-Dame de Vitré, nos châtelains ont pour vassaux au fief et baillage de la Jeuvrie et Bois-au-Comte : Michel Davoust, Amory de Gennes, Jean de Gennes, Guillemette Rioul, les enfants de deffunt Etienne Le Mercier, Jean Clavier de Challet, Me Guillaume Le Gouverneur, Jacques Le Fort l'aisné, René Thoumin, René Le Cocq La Croix, Guillemette Gaignard, Me Jean Georgeaut, Jullien et André Fessant, Gilles Fessant, Guillaume Mazurais, Me Jan du Boys, Olivier Ravenel, Bertranne Georgeault, Jean Le Febvre, et autres. Tous assemblement payent chaque année soixante sols.

Près de ce fief, la Galiennaye est tenue prochement, noblement à foy et hommage par les enfants de feu noble Michel Godart, qui doivent pour ce fait vingt-trois sols six deniers et deux poullets.

Noble homme André de Couasnon, sieur de Trelan, les enfants de feu noble Michel Godart et de damoizelle Françoise de Champagné, Robert Ringues, Nouail Gonesse, Suzanne Souvestre, Estienne Aufray, Julienne

---

(1) A certains jours de l'année, les vassaux étaient tenus de planter un poteau qu'on appelait le pal de la quintaine, et de le frapper jusqu'à ce qu'il fût rompu... On appelait aussi quintaine un poteau que l'on fichait en terre et auquel on attachait un bouclier qui servait de but pour lancer des flèches ou briser des lances.   (*Dict. hist. de Cheruel*, t. II.)

Arnault, maître Jean Malescot, Jullien Le Couvreux, les enfants de maître Thomas de Launay et consorts héritiers de defunte Françoise Rouxigneul, Jean du Boys, Antoinette Georgeault, Mette du Verger sont hommes et teneurs au baillage de la Grurye. En cette qualité, ils doivent trente-cinq sols qui se paient au seigneur ou à ses commis, au carroir de Bourrienne, durant le son de la cloche de prime de la Magdelaine de Vitré, entre les huit et neuf heures du matin, scavoir : les deux tierces parties aux jours de fête d'Angevine et le reste au jour de caresme-prenant.

C'est à la Grurye, tout près de l'endroit où Lavardin dut culbuter les postes ligueurs, que Landais avait construit un manoir flanqué de plusieurs tourelles. Derrière sa demeure, une fraîche et gracieuse ondulation de terrain est partagée en jardins et vergers. Remontant ce petit val vers soleil couchant, on trouve le lieu et métairie de la Massonnaye, que les enfants de feu Mathurin Huré tiennent prochement du seigneur de Gazon à certain devoir de rente outre obéissance.

De cette ferme, Vitré se présente sous un fier aspect. Le plateau qui porte la vieille ville et sépare le vallon de Vernouzet du val de Cantache se termine par un rocher dressé comme une proue de navire. Campée sur cette pointe, la tour de Montafilant semble braver toute attaque. Les constructions qui la relient à la tour du Trésor contiennent au rez-de-chaussée *cette salle en laquelle se faisait le prêche;* au premier étage, les chambres de la Trimoille, de Thouars et de Bourbon. Au delà du château et un peu en retraite sur le mur de ville, on peut apercevoir l'église collégiale de la

Magdelaine où la comtesse de Laval se permet de faire inhumer les huguenots de marque, entre autres *Charles baron de Peyre, frère de Mme de Gazon*. Viennent ensuite l'église Notre-Dame et le moustier des bénédictins. Au pied de la demeure seigneuriale, vers septentrion, commence le fauxbourg du Rachapt. Avant d'étager ses maisons le long des chemins montant à Châtillon, à Fougères et à Saint-Aubin-du-Cormier, il forme au travers du vallon une sorte de barrière qui tranche vivement sur les prairies baignées par la Villaine.

Cette rivière se perd un instant sous les bâtiments hospitaliers de Saint-Nicolas, pour reparaître dans les prairies du Bas-Pont et passer au bas du tertre de la Massonaye. En suivant son cours pendant un quart de lieue environ, les Beaumanoir atteignent leurs fiefs de Pocé. A la Gressière, en face des buttes de la Santé, ils ont pour hommes : Georges Le Moyne, Michel Besnardays, les enfants de deffunte Vincente Ravallet, Guillaume Botherel, Jacques Bislange, les administrateurs de l'hôpital Saint-Yves, les enfants de feu Jan Séré et autres.

54 sols, huit boisseaux d'avoine constituent la redevance annuelle de ces vassaux qui sont en outre tenus d'envoyer moudre leurs blasteries au moulin de la Roche (1), obligation imposée à tous hommes et sujets de Gazon estant dans la banlieue.

Près de ce moulin, Floridas de Gennes tient le lieu

---

(1) Les terres de la Gressière et de la Roche sont la propriété de M. René Charil des Mazures.

Le moulin de la Roche est à Mme Lasne-Rochelle.

et héritage de la petite Hunaudière, à raison de 7 sols neuf deniers de rente.

Le Haut-Fail est tenu prochement par les enfants de Lucas Ravenel et de deffunte N. de Gennes. Ils doibvent cinq boisseaux d'avoine et 15 sols de rente. Les enfants de Jean de Gennes Boisguy payent par chacun an quinze sols, parce qu'ils tiennent prochement le lieu du Bas-Fail (1).

Le Haut et le Bas-Fail ont chacun leur manoir. Leurs possesseurs sont cousins du sieur de la Gaulayrie et protestants comme lui. Jean Boisguy est mort le 8 juin 1592. Fatale aux de Gennes, cette année 1592 avait vu mourir Jean de la Brosse, trésorier général de monseigneur le comte de Laval et Georges de Gennes, le correspondant de Dandelot. L'année suivante offrit des compensations. Le 9 février, Floridas de Gennes épousa Mette Vincent. Isaac Journée, sieur de la Ronce, prit pour femme Jeanne de Gennes, fille de deffunt Jean Boisguy. Du Fail, en passant le grand chemin qui conduit de la ville de Vitré à celle de Rennes, et inclinant un peu à l'ouest, les belles mestairies du Teilleul et de Champrosé, sont aux Beaumanoir. Aux mazures du Petit-Teilleul, la veuve et les enfants de maître Mathurin Ronceray; à la Touzerie (2), les enfants de Guillaume Fromentin et de deffunte Marie

---

(1) Le Haut-Fail appartient de nos jours à M. Richard, fils de M. J. Richard et de Félicité de Gennes.

Le Bas-Fail est à M. Boulais.

(2) MM. Esnault, Marie et Texier, sont propriétaires au lieu de la Touzerie.

de l'Espine, Anthoinette Georgeault, fille de feu Collas Georgeault, leur doivent, les premiers : 16 sols; les seconds : 19 sols, huit boisseaux d'avoine.

30 sols 9 deniers, douze boisseaux d'avoine sont dus assemblement par messire Joachim Perrot, recteur, curé de Pocé, les enfants d'Étienne le Mercier, messire Jan Mazure et consorts, les enfants de deffunt André Montigny, Jean Le Moyne-Grands-Prés, Jeanne Gaudiche, André Masson, Jeanne Liziart, Marie Masson, Guyonne Savinel, Jacques Bilange et consorts, Jean de la Haye, Floridas de Gennes, les enfants de deffunt Jean de Gennes Boisguy, les enfants de Guillaume Fromentin, Jean et Jeanne Preudhomme. Ce sont les hommes et teneurs du fief et baillage de Pocé. Entre eux, nous distinguerons Jean Le Moyne-Grands-Prés. C'est encore un fervent adepte des nouvelles doctrines. Avec ses cousins Georges Le Moyne, sieur de la Gressière, et Guillaume Le Moyne Gasniais, il figure sur les premiers registres de l'église calviniste.

Tout huguenots que soient les nobles suzerains de Pocé, ils s'advouent hautement fondateurs de l'église parochiale, déclarent que le recteur d'icelle leur doit cinq sols de rente, qu'il leur appartient d'avoir en cette église enfeu prohibitif, bancs à accoudoirs, ceintures et écussons tant par dehors que par dedans, armoiries en toutes les vitres.

Le rocher sur lequel s'élève la chappelle Saint-Michel est encore leur propriété. Il dépend du fief Angelier dont les teneurs se nomment Jacques, Pierre et Jeanne Bilange, Guillaume et Julien Ravallet, les enfants de défunt Etienne Le Mercier, Michel Laubynier, les enfants de Pierre Masson (1). Sur ce fief passe le sentier conduisant aux villages de l'Aubretière et de la Gaulayrie. Après avoir traversé le Plantis (2), cette belle dépendance de Gazon, il tombe dans les chemins creux et couverts qui gagnent les prés de Gilles de Gennes, vassal des Beaumanoir au fief et baillage de Pleumaugat et l'Aubretière (3). Les autres sujets, tant estagers que non estagers se nomment Simonin Savinel, Pierre Savinel, Julien et Jacques Morel, Jeanne Savinel, les enfants de feu Michel Savinel, Renée Savinel, les enfants de feu Jacques Lambert, Guillaume de la Haye, Geffroy Savinel de la Lande, les enfants de Guillaume Fourmentin, Jeanne Gaudiche, Jacquinne Masson, fille de deffunt Jean Masson, Jeanne Liziart, Gillette du Verger, Thiennette Masson. Ils sont tenus annuellement et assemblement de compter au seigneur quarante-cinq sols et de lui fournir trente boisseaux d'avoine.

A l'époque où les châtelains de Gazon rendent cet aveu, une nombreuse famille entoure Gilles de Gennes et Perrine Tirel. Leur fils aîné est à la veille de contracter mariage. En septembre 1598, il fera baptiser en l'église réformée son premier né Pierre de Gennes. Au décès de son père il s'intitulera sieur de la Gaulayrie. Ses frères, André sieur des Hayers, Paul des

---

(1) Ils doivent 7 livres de rente annuelle.

(2) Le Plantis appartient de nos jours à Mme du Pontavice, née du Bourg, arrière-petite-fille de Jean-B. Le Moyne de Grand-Pré, secrétaire du Roy en la chancellerie du Parlement de Rouen.

(3) Les diverses fermes situées au village de l'Aubretière appartiennent à MM. Rubin, Marie et Meneust.

Poiriers, Jean de la Baste, Jean de la Guinarderye, Gilles de Heulet, seront à Vitré les colonnes du pur Évangile. Leurs descendants s'allieront aux ministres bretons et étrangers, aux familles les plus distinguées de la province (1). Plusieurs d'entre eux reviendront à la religion de leurs pères ; quelques-uns dont il serait injuste ou téméraire de suspecter la bonne foi, souffriront l'exil et la pauvreté plutôt que de renoncer à leurs erreurs.

La maison de retenue qui se voit aujourd'hui sur la Haute-Gaulayrie est l'œuvre de Jean Guinarderie. Les enfants de Gilles de Gennes construiront, tout au bord de la Cantache, leur petite maison champêtre de Heulet (2). De là, pour atteindre les prés de Gazon et le Gué de Rabaut, il faut remonter la rivière pendant un quart d'heure à peine ; ce gué traversé, nous sommes en la paroisse de Champeaux. Les Beaumanoir y possèdent le moulin de Rabault, assis sur la rivière de Châtillon, auquel les hommes et sujets de ladite seigneurie de Gazon estant en la banlieue sont tenus mener ou envoyer moudre leurs blasteryes, les mestairies de Rabaut et de la Motte, le fief des Aulnines et le fief du Fougeray.

Du premier sont hommes et teneurs maître Jean Blanchais, Jean Marais, Jacques Tissot, Guillaume Paris, Jean Visage, André de Launay, Olive et Jeanne

---

(1) Sur les de Gennes sieurs de la Gaulayrie, consulter le supplément à la généalogie des Cornulier, édité à Nantes.

(2) La Basse-Gaulayrie et Heulet appartiennent à M. Provost, descendant de Gilles de Gennes de Heulet.

Garnier, Jean Meral, René Hubert, Guy et Guillemette Hubert, Léonard Pasquier, Guillaume Jamois, Olivier Chauvin, Guillemette Regnaud, Désiré Croizé, Guillemette Croizé, Pierre et Jean Poulard, le chapelain de la Guerpinays, Jean Burel, Jean Morel Villensault, et plusieurs autres, tant estagers que non estagers. Ils doivent obeissance, devoir de sergeantise, cent dix-huit sols trois deniers, treize boisseaux d'avoine par chacun an, et, de plus, fanner la pré du dit lieu de Gazon.

Au fief du Fougeray, le seigneur d'Espinay, à cause de sa métairie du Fougeray, Jean Le..., maître Guy Gasche, la veuve et enfants de Jean Melliet, Julien Davy, Georges Geffrand, maître Jean Blanchais, Léonard Salmon, doivent annuellement onze deniers quatre boisseaux d'avoine.

Fermons ici le livre terrier des Beaumanoir (1). Il nous suffit d'avoir montré, à l'aide de ce document authentique, en quelles mains se trouvait, au XVIe siècle, la propriété foncière ès environs des Tirel et de Gennes. D'ailleurs, nous voilà sur le patrimoine des d'Épinay, tout près de leur résidence seigneuriale, c'est-à-dire en pays catholique, *car, chose la plus remarquable, et qui est plus à louer en la succession de cette illustre famille, est qu'on ne peut recognoistre aucun portant ce nom avoir jamais dévoié de la vraye religion chrétienne ni*

---

(1) Cette belle tenue de Gazon devait être démembrée dans le cours du XVIIe siècle. Elle forma trois juridictions : 1º Gazon en Pocé, 2º Gazon en Brielles, 3º La Motte en Champeaux.

adhéré à aucune secte ni opinion contraire à l'église romaine (1).

Demandons hardiment l'hospitalité. Ce faisant, nous ne perdrons pas de vue notre modeste lopin de terre, et pour preuve, voici parmi les habitants de cette somptueuse demeure, honorable dame Julienne Le Cocq, femme de Jean Le Meulnier, propriétaire d'héritages à la Gaulayrie.

Le 3 septembre 1596, saine d'esprit et d'entendement, recognoissant qu'il n'est rien plus certain que la mort et incertain que l'heure d'icelle, ne voulant mourir sans pourvoir à ses affaires, cette dame veut, entend et ordonne que son testament soit enterriné, accompli et exécuté d'article en article, comme sera ci après dit.

Pour la rédemption de son âme, elle demande qu'il soit célébré en l'église de Champeaux cent messes en basse voix, six services, un trentième avec vigile et prières accoutumées. Elle déclare avoir doté et fondé en cette même église une messe à être dite perpétuellement, par chacune semaine d'an en an et à tel jour que son décès arrivera, si faire se peut. En l'église de Pocé, elle demande autre service ; davantage, veut et ordonne qu'à jamais en perpétuel, il soit donné en icelle un pain beni par chacun an au jour et fête du Sacre, lequel pain sera payé par ses héritiers sur son lieu et terre de la Gaulayrie, situé en la paroisse de Pocé (2).

---

(1) Voir le Père du Paz, *Histoire généalogique des seigneurs d'Épinay*.

(2) Au jour indiqué par Julienne Le Cocq, les propriétaires actuels de la Gaulayrie donnent ce pain bénit à l'église de Pocé.

Ces volontés se dictent en ce château, « l'un des mieux bâtis et des plus logeables de la province, ayant grand nombre de tours, pavillons et beaux corps de logis, salles et chambres dorées avec force marbres, cour et jardins embellis de fontaines ; le tout enfermé de murailles bien flanquées de fossés larges et remplis d'eau. Un bois de haute futaie planté à la ligne où se trouvent d'agréables pourmenoirs, une allée couverte, de belles prairies décorent les approches de cette superbe demeure. Mais ce qui lui donne un beau lustre, c'est que sortant de la porte et ayant cheminé quelque quinze cents pas au bord d'un étang et à l'ombre d'un bois, vous trouvez deux jolies chapelles vis-à-vis l'une de l'autre, et bientôt après arrivez à l'église collégiale de Champeaux, fondation des seigneurs d'Épinay. » Julienne Le Cocq veut qu'après la séparation de son âme et de son corps, sa dépouille mortelle repose à l'ombre de ce sanctuaire, au lieu le plus proche de ses parents et amis trépassés.

Par les prières et intercessions de la benite Vierge Marie, de monseigneur saint Michel archange, de tous les saints et saintes du Paradis, elle supplie Dieu lui faire miséricorde et pardon.

Dans ces sentiments, vivaient et mouraient nombre de catholiques du seizième siècle. Combien de Vitréens (1)

---

(1) Sous l'empire des mêmes sentiments de foi et de charité, Mme Emilia Le Breton, née de Tremaudan, propriétaire de la Haute-Gaulayrie, vient de consacrer sa fortune à l'établissement d'un hôpital sur sa terre de la Guilmarais, paroisse Saint-Martin de Vitré. L'acte de donation est au rapport de M. Taburet.

avaient fondé *en perpetuel et à jamais* alors que la terre tremblait sous leurs pas, que le présent était pour eux plein de terreurs et de tristesses ; l'avenir, humainement parlant, sans espérances ! Un moment, ils avaient pu voir l'hérésie triomphante, un huguenot sur le trône de saint Louis, autour de ce prince, comme ministres ou conseillers, les coryphées du parti calviniste, Sully, du Plessix-Mornay, Lanoue, d'Aubigné, tous Français ceux-là et de taille! Dans leur petit Vitré, le prêche se tenait près de l'église Notre-Dame ; gouvernement du château, offices de la juridiction seigneuriale étaient en mains calvinistes.

Qu'importait tout cela à qui se sentait les promesses de la vie éternelle ? Il nous semble encore entendre retentir la simple mais significative réponse du peuple catholique aux objections, aux impossibilités formulées par les habiles de ce temps :

— *Quel appui pensez-vous avoir et quelle assurance en ces brouilleries d'affaires, quel chef avez-vous ?*

— *Dieu.*

— *Quel secours avez-vous ou espérez-vous avoir ?*

— *De Dieu.*

— *En qui avez-vous créance et fiance pour vous délivrer ?*

— *En Dieu.*

Dans sa séance du 10 mars 1878, le conseil municipal de Vitré émet un avis favorable à l'approbation de cet acte et exprime sa reconnaissance envers la généreuse donatrice (*Délib. du cons. mun., rédaction de M. Radiguer*).

— *Comment pensez-vous avoir un Roi, vu la contradiction de vos princes, qui vous le donnera ?*
— *Dieu* (1).

Et Dieu justifiait cette ferme foi en touchant le cœur d'Henri IV. On sait les conséquences de ce changement inattendu, conséquences si merveilleuses que plusieurs *les trouvaient comme un songe.* Le neuvième jour de mai de l'année 1598, ce prince, *à l'œil plaisant et agréable, meslé en toutes choses sans grande longueur de discours,* abordait vivement et paternellement les bourgeois rennais, les saluant de cette joyeuse assurance : *Je vous annonce la paix en tout mon royaume!* (2) La paix, bienfait inestimable qu'au dire des catholiques et des protestants, *Dieu par une spéciale grâce* (3) accordait à la France tant *déchirée de ruines et destituée de bonnes mœurs* (4), *afin qu'elle pût se renouveler en beauté et qu'elle cessât d'être la fable des nations, mais devînt un exemple de vertu* (5). La paix, dont le peuple en proie à la peste, à la famine, aux loups, avait si grand besoin, ce pauvre peuple des champs, qui accourait aux villes demander l'aulmône, se nourrissait d'herbes sauvages,

---

(1) Dialogue du Maheustre et du Manant, cité par M. Lenient dans son étude sur la satyre en France.

(2) Voir le journal de Pichart.

(3) Extraits des *Mémoires* de Montmartin.

(4) Sur les mœurs et cruautés des gens de guerre, lire Pichart, *Hist. de Bret.*, t. III, col. 1702 et 1757.

(5) Extrait des *Mémoires* de la Noue.

s'attelait de nuit à la charrue, si accablé de misères (1), écrit un chroniqueur breton, « que ceux qui viendront après nous n'en croiront rien ou peu et penseront plutôt que ce sont des contes que des vérités, et cepen-

---

(1) Dans l'été de 1559, les rivières qui se rendent à Rennes étaient débordées tellement que les moulins ne pouvaient moudre pour avoir trop d'eau, faute de quoi ils ne tournent guère en cette saison. Les chemins étaient si remplis des eaux de la pluie que personne ne pouvait aller par pays (Crevain, p. 42).

En 1564, arriva grand hiver, tel qu'on n'en avait pas vu depuis 1480. La plus grande froidure qui feust en cette gelée-là fut le jour de la fête des Innocents, auquel jour, les mains, les pieds, les aureilles de plusieurs hommes gelèrent qui cheminaient par les champs.

(*Mémoires* de Claude Haton, p. 393, t. I.)

En 1577, la grêle tomba si grosse que lièvres et oiseaux furent trouvés morts par les champs.

En 1580, la foudre tomba sur soixante clochers de la Basse-Bretagne. (Crevain, p. 229.)

Le mercredy 6 avril 1580, advint un épouvantable tremblement de terre à Paris, Château-Thierry, Calais, Boulogne et plusieurs autres villes de France, mais petit à Paris au prix des autres villes.

(P. 295, *Journal d'Henri III*, par Pierre de l'Estoile, t. I.)

Voir sur la peste à Paris en 1580 ledit journal de l'Estoile, p. 304, 305.

La peste avait éclaté à Vitré en 1582.

Le 5 mai 1583, par un orage mêlé de foudre et de tremblement de terre épouvantable, le comble de la grande église de Saint-Julien du Mans fut consommé d'une conflagration merveilleuse (p. 398).

Dès le commencement de mars audit an, le bled est à 23 et 24 livres la charge et a toujours haussé depuis comme sera dit

dant nous les avons vues de nos yeux, ouïes de nos oreilles et expérimentées à notre grand dommage. »

Il est aisé de concevoir quelle douce impression produisit l'annonce de la paix sur les cœurs de ces misérables. Après avoir eu dix mille Rois ou plutôt dix mille tyrans en Bretagne, ils se sentent pour seul maître un prince vaillant et débonnaire, réflétant en son âme tout le génie de la nation française. Celui-là a mangé le pain noir du paysan, couché sur la dure et veut être le protecteur, le bienfaiteur de ses pauvres sujets, la règle de la justice. Comme son premier père, le bon saint Louis, il fera en sorte que toute *vénalité d'états soit supprimée, que la seule vertu et suffisance les possède, que toutes les offices et officiers inutiles, vrayes sangsues et chenilles pour sucer le sang du peuple et le ronger jusqu'à* (1) *la mouelle soient pour jamais mortes et enterrées*. Aussi les feux de joie s'allument, l'artillerie tonne, les cloches carillonnent joyeusement. Au son de leurs musettes et chalumeaux, paysans et bergers chantent à pleine gorge :

Reprenons la danse,
Allons c'est assez.
Le printemps commence,
Les roys sont passés.

cy-après. C'est pitié du pauvre peuple des champs que l'on voit venir en cette ville demander l'aumosne ; mais ce n'est rien au prix de ce que l'on voit sur les champs.

(Pichart, col. 1752, vol. de P., t. III.)

(1) Souhaits exprimés par Montmartin.

Prenons quelque tresve,
Nous sommes lassés :
Ces rois de la Fève,
Nous ont harassés.

Un roi seul demeure,
Les sots sont chassés :
Fortune à cette heure,
Joue aux pots cassés.

Il vous faut tout rendre,
Roys embarrassés :
Qui voulez tout prendre,
Et rien n'embrassez.

Un grand capitaine,
Vous a terrassé :
Allons Jean du Mayne,
Les roys sont passés (1).

Et tandis que la monarchie française sort victorieuse d'une terrible épreuve, l'Église catholique, fondée dans le sang du Christ, enregistre un nouveau triomphe.

Cette vie divine, qui jamais ne l'abandonne, lui fait trouver en elle-même les ressources nécessaires pour couper court aux abus et opérer sa propre réformation. Les décrets du concile de Trente (2) ne sont-ils pas

(1) Chanson écrite sur une des tapisseries dépeintes par les auteurs de la satyre Ménippée.

(2) Lire les décrets du concile de Trente sur l'établissement et entretien des lecteurs en théologie, la résidence des évêques et autres ecclésiastiques, la correction des clercs, sur le choix des évêques, la pluralité et incompatibilité des bénéfices, etc., sur les

venus répondre à l'attente de ses fidèles, déconcerter ses détracteurs? Ses docteurs, ses apôtres ne vont-ils pas porter aux extrémités du Nouveau Monde la lumière évangélique, et dans la vieille Europe, remettre les peuples ès chemins de vérité, de justice, de beauté? En ce langage françois, plein de saveur, de piquante originalité, langage que le huguenot prétend accaparer pour l'exposition de ses doctrines et la composition de ses chants liturgiques, François de Sales écrira ses deux chefs-d'œuvre théologiques et littéraires : la *Vie dévote* et le *Traité de l'amour de Dieu.* Devant ce saint évêque, devant les types achevés de vertu sacerdotale qui se nommeront Vincent de Paul, de Bérulle, Olier, Eudes, l'hérésie balbutie, perd contenance et renonce à emporter de haute lutte ce *très-noble royaume que Sixte-Quint* (1) *déclare aimer outre mesure.* Appelés par les Communautés de ville, encouragés par les royales faveurs, les Jésuites y élèvent ces viriles générations (2) qui seront au siècle suivant, la force et la splendeur de notre chère patrie. Ils forment à la vie apostolique Le Nobletz, Quintin, Maunoir, trois Bretons choisis de

---

indulgences. En ce décret, le concile défend toute sorte de trafic à cet égard, commande aux évêques de recueillir soigneusement tous les abus répandus dans leur diocèse pour en faire rapport au concile provincial et les renvoyer ensuite au Pape, afin qu'il en ordonne ce qui sera expédient à l'Église universelle.

(*Hist. des conc.*, t. IV.)

(1) Sixte-Quint à l'ambassadeur de Venise Gritti.

(2) Le grand Corneille, Condé, Descartes, Bossuet, etc., avaient été formés par les jésuites.

Dieu pour panser et guérir en leur pays les plaies ouvertes par les guerres civiles. Encore quelques années et cette milice dévouée au chef de l'Église comptera dans ses rangs les descendants des Vitréens qui naguère avaient chansonné la messe et prédit la chute de la Papauté.

La paix annoncée par Henri IV était l'aurore de cet admirable renouvellement. *Dieu nous donne sa paix! que la paix de Dieu soit avec nous! et qu'au Père, au Fils, au Saint-Esprit, soient honneur et gloire éternellement!* C'était la conclusion de Pichart, c'était la conclusion de Montmartin, c'est aujourd'hui la nôtre!

APPENDICE

I.

Suivant l'aveu rendu au baron de Vitré par Marie d'Antraignes, tutrice de sa fille Marguerite de Beaumanoir, les seigneurs de Gazon possédaient encore : une prée nommé la prée de Garanjot sur la rivière qui descend du Ponthay au moulin de Garanjot.

En la paroisse de Marpiré :

Le lieu domaine et mestairye de Mainbert, maisons, court, courtils, herbregements, issues, fuyes, garenne, bois de haute fustaye, viviers, etc. Comme propriétaires dudit lieu, les Beaumanoir ont droit de prééminence en l'église de Marpiré, droit d'enfeu et sépulture prohibitif à tous autres; bancs à accoudoirs à queue, écussons d'armes et armoiries, tant au dedans que au dehors d'icelle église.

En cette même paroisse, le fief Jambot auquel sont hommes et teneurs Me Jean du Bois, Jean Caudé, les enfants de feu Jullien Guivet, Tomasse Caudé, les enfants de feu Estiennette Nepvou, la veuve et enfants de feu Jullien Drouyn, Jean et Jeanne Poullart et plusieurs autres, tant estagers que non estagers quels doibvent assemblement, par chacun an, de rente à la dite dame le nombre de dix-huit sols quatre deniers oultre obéissance.

En la paroisse d'Yzé :

Le fief Godefroy auquel sont hommes et teneurs,

scavoir : Messire Guillaume Gerard et Julien Gardan et autres quels doibvent assemblement, par chacun an, de rente à ladite dame quinze sols cinq deniers outre obeissance.

En la paroisse de Torcé :

Les fiefs et baillages des Rues, la Nallais et la Fresnais esquels sont hommes et teneurs, *Macé Bonnieu Poterye*, la veuve et enfants de feu Estienne Courgeon, Jean Tirel Corbinais, *Jean Besnardais* (1), les héritiers de feu dom Guy Houdry, la veuve et enfants de feu Georges Cornabal, les enfants de feu Jan Fleuriais, Georgette Tirel, Guyon Houdry, les héritiers de feu Jan Paillé, la veuve et enfants de François Thebaud, maître Guillaume Bagourd, Pierre Bouhours, Jean Bouhours et plusieurs autres, tant estagers que non estagers, quels doivent assemblement, par chacun an, outre obeissance et devoir de sergeantise, scavoir : à cause du fief des Rues sept sols six deniers, et à cause dudit fief de la Nallais et de la Fresnays douze sols et à sondit seigneur, chacun an, au terme d'Angevyne, quinze deniers, paiables par les mains du sergent du fief à la recette dudit Vitré.

Ces quinze deniers viennent s'ajouter : 1º à la somme de seize sols huit deniers de rente due au seigneur baron de Vitré sur les fiefs de Mondable et de Monlevrier ; 2º à celle de cinq sols de rente appelés *taille*, paiables par le sergent du fief de la Gastelaye ; 3º la somme

---

(1) Voir ci-après la liste des ligueurs de la paroisse de Torcé.

de quarante-deux sols six deniers, paiables par le sergent des fiefs des Aulnines et du Fougeray ; 4° cinq sols onze deniers dus par les teneurs du fief de la Grurye ; 5° quinze sols paiables par le sergent de la Jeuvrie et Bois-au-Compte ; 6° par chacun an, au terme d'angevyne, il est dû au seigneur baron, à raison du lieu et manoyr de Gazon, dix-huit deniers ; à raison du lieu de Champrozé, cinq sols neuf deniers ; pour le lieu du Teilleul six sols, et à raison du Chemin huit deniers, plus à cause des fiefs et baillages situés en ladite paroisse de Pocé vingt et un sols.

En la paroisse de Brielles :

Les maisons, moulin, estang, chaussées, portes, pescheries et attaches du moulin de Gazon, auquel les hommes du seigneur de Gazon, estant dans la banlieue, doivent envoyer moudre leurs blasteryes ; ledit moulin et ledit étang situés près et au-dessous du bourg de Brielles. Les fiefs de Gazon en Brielles dont sont hommes et teneurs, scavoir : le seigneur d'Espinay, à cause d'héritages dépendant de sa terre et seigneurie de la Marche ; le sieur de Villetesson, maître Pierre Papin, Nicolas Orhant, Pierre Gillet, le chapelain de Brielles, Julien Hevyn, Jean Louyn, Julien Granger, le prieur dudit Brielles, les héritiers de maître Jan Thebau, Jan Hevyn Franchet et plusieurs autres, tant estagers que non estagers, lesquels doivent annuellement par deniers cent quatre sols dix deniers, et par avoine quatre-vingt-quatre boisseaux deux mesures et demye, outre obeissance et devoir de sergeantise.

*

Aux seigneurs de Gazon appartient, en outre, usage de bois ès bois et forêts de Vitré, tant pour massonner et bastir à leurs lieux de Gazon, Rabaut et leurs dits moulins, que pour leur chauffage. Les trois quartes parties de la moitié du septième des ventes des bois desdites forêts leur appartiennent par chacun an, au terme des payements accoustumés ; ils doivent fournir au baron de Vitré un forestier à cheval pour la garde desdites forêts.

Es forets du Pertre, ils sont tenus bailler un homme pour faire l'office de forestier ; ils ont une quarte partie du septième denier provenant des ventes de bois qu'on y vend, avec le quart du septième des revenus des paissons de ces forêts.

Finallement, confessent qu'il est du et appartient par chacun an, au terme de Noël, à leur dit seigneur et à eux, sur tous et chacun des hommes estagers demeurant ès fiefs des prieurés de Bréal et de Mondevert, scavoir : sur chacun homme estager qui n'a ni tient bœufs, deux poullets de rente, et sur chacun estager qui a et tient bœufs, une mine d'avoyne ; desquels poullets (1) et avoyne appartient à leur dit seigneur les trois cartes parties et l'autre carte partie aux seigneurs de Gazon.

Marie d'Antraignes advoue quelle est en bonne pos-

---

(1) Suivant le même aveu, poules, poulets ou chappons sont dus par les vassaux de Montlevrier, de la Gressière du Haut-Fail, de la Galiennays, la Touzerie, l'Aubretière, des fiefs des Aulnines et du Fougeray. Seuls, les hommes de la Gressière, de la Touzerie et du Haut-Fail doivent corvées.

session d'avoir, tenir et faire sa court et juridiction de Gazon, par sénéchal, alloué, lieutenant, procureur et greffier, avec seigneurie et obeissance sur ses hommes et sujets, papier de greffe, sceaux, dattes et contracts, droits de bannyes et appropriments, ventes, lods, et autoriser nottaires et tabellions et tout droict de juridiction et correction sur ses hommes et sujets en moyenne et basse voirye.

A cause des fiefs et juridiction de Gazon, en Brielles, Gennes et le Pertre, ladite dame a juridiction sur ses hommes, et cognoissance de cas et crimes en basse et moyenne voirye, droicts d'épaves des choses qui eschiéent ès dits fiefs, sceaux, dattes et contracts, droict de bannyes et appropriments d'héritages, desquelles épaves appartient à son dit seigneur, au cas que ses officiers aient les premiers cognoissance d'icelles, les deux tierces parties et à ladite dame une tierce partie, et quand les officiers d'icelle dame ont les premiers cognoissance d'icelles épaves, luy en appartient les deux tierces parties et à son dit seigneur une tierce partie.

Outre confesse ladite dame, que ses hommes estaigers ès dits fiefs sont tenus se présenter par chacun an, au jour de la Chandeleur, pour conter et faire purgation des choses dont sont accusés avoir forfaicts à icelle dame, et aussi du denier et devoir de coustume duquel appartient au seigneur baron de Vitré une tierce partie et à ladite dame les deux tierces parties ; et est l'usement d'iceux fiefs et juridiction de Brielles, tel que s'il y a aucun ou aucune forfaisant appréhendés en iceux fiefs et que les officiers de son dit seigneur les tiennent et adjournent premièrement que les officiers de ladite dame, est et appartient à son dit seigneur les deux tierces parties de l'amende et une tierce partie à ladite dame; et si elle ou ses officiers tiennent et adjournent lesdits forfaisants les premiers que les officiers de son dit seigneur, appartient à ladite dame les deux tierces parties de l'amende et l'autre tierce partie à son seigneur.

Et chacune desdites choses ci-devant déclarées et toutes autres qui en pourront despendre, comme elles contiennent, se poursuivent et comportent sans réservation, à cause et par raison desquelles ladite dame confesse comme devant devoir à son dit seigneur foy, hommage et obeissance, ainsi que personne noble et de foy lige doit à son seigneur, ce qu'elle offre et promet faire selon l'usement et coutume du pays avec continuation et payements des rentes et devoirs prédits et sur l'obligation et hypothèques desdites choses, biens et amendements qui y seront faits durant le temps que d'icelles elle sera dame propriétaire et jouissante, avec protestation et réservation par elle faite que si par inadvertance ou autrement elle aurait aucune chose délaissé à mettre au présent adveu et tenue, il lui soit permis de l'y employer ou aussi d'en extraire ou en corriger au cas quelle y aurait employé chose que faire ne deust. Le tout au bon esgard de justice, a quoy audit cas elle requiert être admise à réserve.

Et pour présenter à son dit seigneur ou à son procureur fiscal audit Vitré ladite présente tenue, ensemble lui offrir et *faire lesdites féaultés et hommages*, ladite dame a nommé et constitué son procureur général et spécial *noble David Collot, sieur d'Escury*...

Fait et consenty en la ville de Vitré, au logis et demeurance de ladite dame d'Antraignes, le quinzième jour du mois de may, après midi, l'an mil cinq cents quatre vingt et quinze.

Et a signé :

Marie d'Entraignes.

Ainsi signé :

Daniel de Launay et Bidault, nottaires.

II.

Ligueurs des environs de Vitré poursuivis par le sénéchal de Rennes en 1590 (1).

Le Pertre.

GUAYS dict Foucherie.
BODAIRE (Mathurin), dict Boyleau.
RUBIN (maistre Claude).

Argentré.

POSSART (François), sieur de la Mazure.
MAIM ROGER, fils Guillaume (*sic*).
GALLAYS (Jean), fils Léonard.
GAUDIN, fils Georges.
LAMBARÉ ROBIDAISIÈRE (Jean).

Étrelles.

GIRAULT (François), dict Maillardière.
SÉVIGNÉ (Jullien).
LIZÉ (Jean).

---

(1) Pour dresser cette liste, nous avons adopté un ordre correspondant à la marche de notre récit. Le sénéchal de Rennes était Guy Le Meneust dont nous donnons la parenté à la fin des Notes généalogiques.

Torcé.

BENARDAYS (Jean).
FAUCONNIER.
BREGOLAYS.

Vergeal.

PICHOT (Jacques).
GEORGIN (Grand-Jean).
AUTIN (François).

Montevert.

ROUSION.

Saint-Mervé.

BOURG-NOUVEAU.
LA RIVIÈRE.
DE LA MAZERIE (le sieur).
RAIMBAULT (maistre Georges).
DUBOIS-MARIE (Jean).

Balazé.

DE VASSÉ (Hannibal), sieur de Vaufleury.
TOURAILLE (deux fils de maistre Jean).
LE MACZON, CLERDERYE (Guyon).

Taillis.

DE SÉVIGNÉ (Gillette), veuve du feu de Taillis.

Montreuil-sur-Pérouse.

PAIGNÉ (André).

Yzé.

Chenevière (maistre Guillaume).
Blanchais (Jean).
Gérard (maistre Michel).

Champeaux.

Blondeau (Julien), sieur de Beauregard.

Dourdain.

Daville, recteur de Dourdain.

Marpiré.

Posson (Georges).

Saint-Didier.

Julienne (Jean), sieur de Boisgerault.

Saint-Aubin-des-Landes.

De la Charonnière (Georges), sieur du dit lieu.
De Cadelae (Georges), sieur de la Motte.

Cornillé.

De la Raimbaudière (Jean), sieur de la Guichardière.

Châtillon.

Hardy (Michel), sieur de la Rouxière.
Jumelais (Jean), sieur d'Écoubrion.
Jumelais (Guillaume), sieur de Villeneuve.

Hardy (Michel), sieur de Montreul.
Vauclin (Guillaume), sieur de la Brette.
Hardy (Jean), sieur de la Heminière.
Cherbonnel (Julien), sieur de Monceaux.
Rauclais (Julien), dict Gatelays.
Turpin (maistre Nicolas).
Morice De Foucaudière (maistre Guillaume).
Morice (Michel).
De la Barre (Louys).
Baron (Julien), dict Hartais.

Princé.

Boucheran, sieur de la Courvenne.
Escot (Jean), notaire.
Boucherans (les), arpenteurs.

Dompierre-du-Chemin.

De la Haye (Jean).
De la Haye (Laurent) et ses deux fils.
Gislet (maistre Guillaume).
Du Bois-Guyon.

Luitré et la Selle.

Du Bois-le-Houx (Claude), sieur du dit lieu.
Hay (Jean).
Gillet-Gasnerie (Jacques).
Renouard (Guy), notaire.
Du Meix (Charles).
Le Cocq (Guillaume).

Parcé.

Hardy (Guillaume), sieur du Plessix.
Hubaudière (maistre César).
Leziard (François), sieur de Vauloudin.
De la Fontaine (Bertrand), sieur de l'Abbaye.
De Servaude (Jean), sieur de la Fosse.
James (Estienne), prêtre.
Chanterel (Robert).
Gautier (Guillaume).

Javené.

Chaussier (Jean), recteur de Javené.
Bigot (Jacques), prêtre.
Bigot (Guillaume), prêtre.
Jehannin (Jean), prêtre.
Brunel (Jean), prêtre.
Gillois (Jean), prêtre.
Lespagnol (Jean), prêtre.
Menart (Guillaume), sieur de Vaucelle.
Trollais (maistre Pierre).
Orrière (maistre Pierre).
Bigot (Jean).
Rambault (Nicolas).
Du Mey (Jean).
Desrus (Jean).
Julienne (Jean).

Billé.

De Launay (Isaac), sieur de la Chederie.
Cherbonnel (Jean), recteur de Billé.

DE LAUNAY (Jacques), sieur de la Rouelle.
LE SACHEZ (Jean), sieur du Ronceray.

Combourtillé.

DE LAUNAY (Jacques), sieur de la Tousche.
DE LAUNAY (Guillaume), sieur de Cleray.
GEORGET (Jacques).
MARCTREUX (Louys), dict Messelays.

Montreuil-des-Landes.

HERBERT BOULLAYS (Julien).
MAÇON (Pierre).

Saint-Christophe-des-Bois.

DE MALNOE (le sieur).

Mecé.

LEZIART (André), recteur de Mecé.
DE LAUNAY DE LA VAIRIE.
LEZIART (Michel), sieur du Chantier.
DE LA LÉZIARDIÈRE (le sieur).
LE MOUSNIER (Jean).
GYEU (Nicolas).

Chesné.

DU BROSSAULT et le sieur DE GRIGNÉ, son fils.
BERTIN (Jean), dict Hellouire.
DE MOLANS (le sieur).

Vandel.

ERMENIER (maistre Julien), dict Bourdays.

III.

Extrait des registres du Conseil estable à Fougères. (Inédit.)

———

19 décembre 1589.

Sur la requeste présentée *par Nicolas Beziel* remonstrant avoir esté constitué prisonnier *par le capitaine de La Fontaine* (1), encore qu'il soit de la religion catholique, apostolique et romayne et qu'il a porté les armes pour la défense du sainct party contre ceux du party contrayre, *tant au siége de Vitré que en la paroisse de Livré*, sans jamais avoir été accusé d'avoir soutenu le party contrayre, requérant les portes lui estre ouvertes. Sur ce ouy, le dict capitaine La Fontaine dict estre dûment informé, que le dict Beziel est l'un de ceux qui ont suivy le party des hérétiques et qui ordinayrement le favorise, requérant la prinse estre jugée bonne.

Le dict Conseil ordonne qu'il sera informé d'une et autre part; pour l'information, veut et ordonne ce que

(1) Ce capitaine figure parmi les ligueurs de la commune de Parcé. (Voir la liste ci-dessus.)

de raison. Et dès à présent le dict sieur de La Fontaine a produit à tesmoin *René Lambaré, sieur de Laigrière* (1), lequel interrogé a dict que en la paroisse de Livré, y a plusieurs qui sont contre le sainct party et qui ont *signé promesse au prince de Dombes* de favoriser le party contrayre, et qu'il est tout connu et notoire que le dict Beziel est de ce nombre. Lequel Beziel pour réponse a dict, que le dict Lambaré est son ennemi mortel et capital, à cause des procès qu'ils ont eus et ont encore ensemble, requérant qu'il ne soict prins aucun appuy à son record et attestation. Faict et arresté au dict Conseil où *présidait le seigneur de Guébriant, gouverneur au dict Fougères*, le dix-neuvième décembre mil cinq cent quatre vingt neuf.

Le Fort.

---

(1) Il est au nombre des ligueurs rebelles en la ville de Vitré. (Dom Morice, col. 1508 du IIIe vol. de *Pr.*)

IV.

Enqueste faicte par auctorité du Conseil estably à Fougères par nous *Francoys Bregel*, lieutenant général et juge ordinayre au dict Fougères, *Macé Le Fort*, greffier du dict Conseil, appellé pour adjoinct à la requeste de *Nicollas Beziel* (1) *et René Malleval*.

Du dix-neuvième jour du moys de décembre l'an mil cinq cent quatre vingt neuf.

Maistre *Gilles Haniclais*, demeurant ordinayrement en la paroisse de Sainct Jean sur Couasnon, à présent refugié en cette ville de Fougères et âgé de quarante ans ou environ.

Maistre *Bertrand Gaultier*, nottaire royal de la ville de Saint-Aubin et à présent refugié au dict Fougères, âgé de quarante-huit ans ou environ.

Noble homme *Michel Leziart* (2), *sieur du Chantier*, demeurant paroisse de Mecé et à présent refugié au dict Fougères, âgé de quarante-cinq ans ou environ.

(1) La famille Beziel a produit : Jean, notaire de la juridiction de Livré (1599), marié à Jeanne Chenevière; Jean, arpenteur royal; Julien, recteur de Saint-Christophe-des-Bois; R. Beziel, recteur de Vergéal; Luc René, prêtre sacriste, receveur de la paroisse Saint-Étienne de Rennes; Bernardin Beziel, échevin de Rennes, Pierre et Regnauld Beziel, avocats au Parlement de Bretagne.

(2) Voir ci-dessus la liste des ligueurs de la paroisse de Mecé.

Tous les dicts avons faicts jurer dyre la vérité, lesquels ont dict et attesté cognoistre les dicts Beziel et Malleval il y a plus de dix ans, quils sont gens de bien et bien vivants en la religion catholique, apostolique et romayne et qui ordinairement ont porté les armes pour le sainct party *tant au siége devant Vitré que en la dicte paroisse de Livré*, et ont assisté à toutes les monstres et gardes des catholiques qui ont été faictes en la dicte paroisse jusques après un moys que les paroissiens du dict lieu effrayés de ce qui s'est passé à *Estrelles* (1) se sont désistés de plus faire gardes en la dicte paroisse, mais pour tout les dicts Malleval et Beziel ne se sont désistés du sainct party et n'ont été jamais soupçonnés du party contrayre, déclarent quils n'ont cognoissance que les dicts Beziel et Malleval aient aydé ni favorisé les habitants de Vitré et huguenots, hérétiques, politiques et autres du party contrayre. Et est ce qu'ils disent scavoir et leur record en lequel ils ont persisté et ont signé en la minute de la présente enqueste.

Le Fort.

(1) L'expédition de la Courtdavon à Étrelles eut lieu le 21 novembre 1589.

NOTES GÉNÉALOGIQUES

Nous espérions trouver dans le travail de M. Frain les généalogies des familles qui ont su, pendant de longs siècles, transmettre héréditairement des noms justement honorés. (Revue du Maine et de l'Anjou, 1878.)

Pour répondre à ce *desideratum*, nous donnons les filiations suivantes :

I.

Notre texte porte que les trois propriétaires actuels des Gaulairies avaient pour ancêtres communs les Tirel; en voici la preuve :

TIREL (Olivier), sieur de la Gaulairie, épouse Guyonne de Gennes, d'où :

TIREL (Pierre), sieur de la Gaulairie, marié à N..., d'où :

TIREL (Perrine), dame de la Gaulairie, épouse, en 1569, Gilles de Gennes, sieur des Hayers, décédé en 1608, d'où :

DE GENNES (Jean), de la Guinarderie, épouse, le 8 décembre 1613, Catherine Ravenel, d'où :

DE GENNES (Jean), épouse, le 3 novembre 1641, au

château de Terchant, Élisabeth Le Fort de la Pifferie, d'où :

De Gennes (Catherine), épouse Daniel Guesdon, sieur de la Boutardière, d'où :

Guesdon (Élisabeth), épouse, le 1er janvier 1700, Daniel-Isaac Berny, d'où :

Berny (Daniel-Isaac), maire de Vitré, et Mathurine-Suzanne Berthois, mariés le 9 janvier 1753, d'où :

Berny (Julie-Marie), épouse, le 17 février 1784, René Charil des Mazures, fils de René et d'Olive Frain de la Motte, d'où :

Charil des Mazures (Julie-Marie), épouse Léonard-Joseph Philippes de Trémaudan, d'où :

1º De Trémaudan (Émilia), qui suit;

2º De Trémaudan (Édouard), sans alliance.

De Trémaudan (Emilia), fondatrice de l'hôpital de la Guilmarais, mariée, le 13 avril 1842, à Édouard Le Breton, propriétaire de la haute Gaulairie (1877).

II.

Tirel (Olivier), épouse Guyonne de Gennes, d'où :

Tirel (Pierre), sieur de la Gaulairie, d'où :

Tirel (Perrine), épouse Gilles de Gennes des Hayers, d'où :

De Gennes la Baste (Jean), avocat au Parlement,

marié, le 25 février 1607, à : 1° Jeanne Le Moyne ; 2° Charlotte Conseil.

Du second mariage vînt :

DE GENNES (Jean), procureur fiscal de la Baronnie, baptisé le 22 juin 1611, marié à : 1° Renée Joulain ; 2° Renée Pedron.

Du second mariage vînt :

DE GENNES (Marguerite), mariée, le 12 octobre 1687, à Jean Frain (1) de la Motte, conseiller du Roi, procureur fiscal et avocat général de la Baronnie, d'où :

FRAIN DE LA MOTTE (Pierre), procureur fiscal de la Baronnie, conseiller du Roi, épouse, en 1723, Marguerite Duchemin de la Brochardière, fille de Jean Duchemin et de Marie Bonnieu, d'où :

FRAIN DE LA GAULAIRIE (Jean-Baptiste), épouse, le 2 juin 1767, Marguerite Hardy, fille de Mathurin Hardy et de Jeanne-Françoise Le Faucheur, d'où :

FRAIN DE LA GAULAIRIE (Jean), né le 18 mars 1768, adjoint au maire de Vitré de 1817 à 1830, épouse Marie-Anne-Françoise Godin, fille de Charles et de Thérèse Biard de la Gilaudais, d'où :

1° FRAIN (Jean), né à Fougères en 1795, suc-

---

(1) Jean Frain, fils de Jean Frain et de Perrine Du Perron, petit-fils d'Estienne Frain et de Mathurine Clineau, arrière-petit-fils de Pierre Frain et de Julienne Lambaré.

cessivement professeur de philosophie au grand séminaire de Rennes, supérieur du grand séminaire de Nevers, chanoine honoraire de ce diocèse, décédé, le 14 décembre 1850, vicaire général du diocèse de Rennes;

2º FRAIN (Luc-François-Marie), né à Vitré le 30 août 1799, substitut du procureur du Roi à Brest et à Vannes, puis avocat à Rennes, président du bureau de l'assistance judiciaire, trésorier de la Fabrique de Saint-Sauveur, décédé le 15 août 1874. Il avait épousé Elisabeth du Breil Le Breton, fille de Paul-Marie *Combourg* (1) du Breil Le Breton et de dame Rose *Béziel* (2);

3º FRAIN (Marie-Françoise-Jeanne), née le 28 septembre 1805, décédée religieuse ursuline en mai 1837;

4º FRAIN (Jeanne-Caroline-Thérèse), née le 15 mai 1813, décédée à Vitré en 1873;

5º FRAIN (Isidore-Jules-Joseph), né le 3 septembre 1807, marié à Elisa de Ladvocat;

6º FRAIN (Edouard-Paul-Joseph), né le 22 mai 1802, propriétaire de la Grande-Gaulairie, marié, en 1839, à Clémentine Dugué de La Touche.

---

(1) M. du Breil dont le père avait rendu de signalés services à la communauté de Combourg, fut tenu par elle sur les fonts du baptême.

(2) De la même famille que Nicolas Beziel, ligueur de la paroisse de Livré.

III.

Tirel (Olivier), épouse Guyonne de Gennes, d'où :

Tirel (Pierre), sieur de la Gaulairie, d'où :

Tirel (Perrine), épouse, en 1569, Gilles de Gennes des Hayers, d'où :

De Gennes (Gilles), sieur de Heulet, épouse : 1° Anne Grillet ; 2° Marguerite Conseil.

Du second mariage :

De Gennes (Marie), épouse, le 3 mai 1648, Olivier du Bourdieu, écuyer, fils de Pierre, lieutenant au gouvernement de l'île Bouchard, d'où :

Du Bourdieu (Pierre), baptisé à Terchant, en 1686, épouse Dlle Baillot de Courchamps, d'où :

Du Bourdieu (Benjamin), procureur syndic de Vitré, épouse Marguerite Malescot de Mesbier, fille de Julien Malescot et de Marie-Louise de Bouessel.

Du Bourdieu (J.-B.), épouse Julienne Paysan, d'où :

Du Bourdieu (Benjamin), décédé à Vitré en 1878. *Ses héritiers sont M. Ch. Provost, Mmes Tortelier et Rouilly, enfants de M. Ch. Provost et de dame Euphémie du Bourdieu.*

Les Ascendants de Gilles de Gennes des Hayers.

(D'azur à trois renards passants d'or 2 et 1.)

De Gennes (Pierre), 1414, épouse Yvonne Vettier, d'où :

De Gennes de la Mazure (Guillaume), épouse :
1º Jeanne Lambert, s. h.; 2º Étienne Haste; 3º Perrine Hardy.

Du second mariage :

De Gennes (Jean), capitaine de Vitré en 1537, épouse N., d'où :

   A. De Gennes (Jean), décédé s. h.;

   B. De Gennes (Gilles), « désigné aussi sous le nom de Guillaume Rossignolais, épousa Antoinette Le Bigot, dont moi Guillaume, Gillette ma sœur, femme de Jean Le Clerc Chevrotenière et Guy de Gennes Picotière. » (*Note de Guillaume de Gennes La Grange.*)

   C. De Gennes (Pierre), marié, en 1527, à Catherine Le Febvre, « engendra Gilles de Gennes, sieur de Gaulairie, Pierre et Françoise qui sont mes cousins-germains. » (*Note dudit Guillaume de Gennes La Grange.*)

   D. De Gennes (Gilles), qui suit :

De Gennes (Gilles), épouse, en 1569, Perrine Tirel de la Gaulairie, d'où :

   1º De Gennes de la Gaulairie (Pierre), épouse, en 1597 : 1º Marie Mauny; 2º Renée Le Texier;

2° DE GENNES DES HAYERS (André), épouse Jeanne Leziard;

3° DE GENNES DE LA BASTE (Jean), épouse : 1° le 25 février 1607, Jeanne Le Moyne; 2° Charlotte Conseil;

4° DE GENNES DES POIRIERS (Paul), épouse Marie Le Moyne;

5° DE GENNES DE LA GUINARDERIE (Jean), épouse, le 8 décembre 1613, Catherine Ravenel;

6° DE GENNES DE HEULET (Gilles), épouse : 1° Jeanne Grillet; 2° Marguerite Conseil de Châteaugonthier.

Descendance de Guy Geffrard de Lentillère, rançonné par Montmartin en 1574.

(Lozangé d'argent et de gueules.)

GEFFRARD (Jacques), sieur de la Motte, épouse Le Gouverneur (Ysabeau), d'où :

I. — GEFFRARD DE LENTILLÈRE (Guy), q. s.;

II. — GEFFRARD (Jeanne), épouse, en 1562, Le Cocq (René), fils de Le Cocq (René), continuateur du journal de Jehan de Gennes du Mée, et de Guillemette de Gennes.

I.

GEFFRARD DE LENTILLÈRE et de la Motte d'Igné

(Guy) (1), épouse : 1º En 1573, Le Corvaisier (Renée); 2º En 1588, Thomas (Marie), de la ville du Mans; 3º Marie Malherbe (2).

Du premier mariage sont issus :

A. GEFFRARD DE LA MOTTE-D'IGNÉ (Julien);

B. GEFFRARD DU CLERAY (Étienne).

C. GEFFRARD (Marguerite), née le 12 octobre 1586, épouse Jacques Guillaudeu de la Richardais.

A.

GEFFRARD DE LENTILLÈRE et de la Motte d'Igné (Julien), né le 24 décembre 1580, épouse, en 1604,

---

(1) Cette terre appartenait, en 1579, à Guy Geffrard de Lentillère, du chef de Renée Le Corvaisier, sa femme. Elle passa, en 1639, aux du Châtaigner; en 1659, à Bertrand du Guesclin de la Roberie.

(*N. sur les paroisses des deux cantons de Fougères,* par M. Maupillé.)

Au commencement du XVIe siècle, nous trouvons Michel Le Corvaisier, administrateur de l'hôpital Saint-Nicolas, à Fougères. Il afféage la lande dite de Saint-Hilaire, paroisse de Saint-Hilaire-des-Landes. En 1548, il confesse tenir le fief de Pellaine, en Saint-Sauveur-des-Landes.

(*Procès-verbal de la Réf. des domaines du Roi,* archives de la Loire-Inférieure.)

(2) L'an 1573, Guyon Malherbe paye 20 livres sur les fouages de Vitré.

(*Comptes des rentes dues au Roi sur les feux de fouages de Bretagne,* arch. de la Loire-Infér.)

Suzanne Le Tavernier (1), fille d'Étienne, sieur du Porche, et de Jeanne Le Couvreulx, d'où :

a. GEFFRARD (Suzanne), née le 31 août 1616, épouse, le 25 juin 1637, Mathurin Geffrard de la Motte, maître aux Comptes.

b. GEFFRARD (Marguerite), née le 28 septembre 1609, épouse écuyer Julien Avril, sieur du Colombier, conseiller au présidial de Rennes ;

c. GEFFRARD (Étienne), né le 1er juillet 1611, épouse Anne Martin, fille de François Martin et de Perrine Guillaudeu, d'où :

> 1º GEFFRARD (Anne), épouse, le 27 juin 1665, messire Charles Pinczon des Monts, d'où : N. Pinczon des Hurlières épouse Jeanne Aubin, fille d'écuyer Jérôme Aubin et de Suzanne Hardy ;
>
> 2º GEFFRARD (Mathurin) épouse, le 16 novembre 1667, Renée Mouezy ;
>
> 3º GEFFRARD (2) (Jean), né le 21 juin 1643, épouse, le 14 janvier 1674, Jeanne Le Faucheur, fille de Jac. et de Gillette Maugars, d'où :
>
> — GEFFRARD (Renée) épouse, en 1697, Étienne Marion du Pré.

---

(1) « Elle était sœur d'Étienne Le Tavernier, conseiller au Parlement de Bretagne, tué d'un coup de canon au siége de la Rochelle, lequel avait épousé Julienne de la Blinaye. »

(2) Jacquine Geffrard, fille d'Étienne et d'Anne Martin, fut mariée en 1661 à Alain Le Breton de Launay, de St-Malo.

— Marguerite épouse Christophe Le Mercier.

— Jeanne épouse, le 4 juillet 1715, messire François Le Chapponier de Kerohant.

— Geffrard (Joseph) épouse, en 1719, Marie-Anne du Bourg, d'où : Marie-Anne Geffrard, mariée à M. Bellabre du Teilment, président de la chambre des comptes de Nantes.

— Geffrard (Olive) épouse, le 17 juillet 1704, Joachim Renault de la Mancelière, d'où : 1º Jeanne Renault épouse Joachim Marion des Bretonnières, père et mère d'Olive Marion, mariée à M. de la Villejeannin, dont la fille épousa Berthois de la Rouxelière, officier au corps royal du génie; 2º Suzanne Renault épouse écuyer Claude-Olivier Marion du Val, d'où : Élisabeth Marion, mariée en premières noces à N. Hay, comte de Tizé; en deuxièmes noces, à messire Charles du Boispéan, conseiller au Parlement de Bretagne.

B.

Geffrard du Cleray (Étienne), secrétaire du roi, épouse, en 1605, Jeanne Ravenel, fille de Jean et de Perrine de La Motte, sieur et dame du Mesard, d'où :

1º Geffrard (Renée), épouse, en 1643, Etienne Cherbonnel des Landelles;

2º Geffrard (Jeanne), épouse, le 19 juillet 1625, François Ferragu, sieur de la Touche-Bouillon;

3º Geffrard (Julienne), épouse, le 18 novembre 1630, Thomas Voisin.

Du second mariage de Guy Geffrard de Lentillère avec Marie Thomas :

Geffrard (Marie), née le 5 novembre 1589, épouse, le 4 septembre 1610, Gilles du Verger de Gaillon.

Du mariage de Guy Geffrard de Lentillère avec Marie Malherbe, sont issus :

I. — Geffrard (Jacques), né le 26 juin 1598, épouse, le 21 août 1618, Guillemette du Verger.

II. — Geffrard (Olive), née le 30 août 1694, épouse, le 14 novembre 1621, René du Verger du Boislebaut, sénéchal de Vitré, dont un fils, maître aux Comptes.

III. — Geffrard (Marie), épouse, le 10 juillet 1629, René Ravenel (1) du Bois-Bezier.

---

(1) Le 20 mars 1466, Robert Ravenel rend aveu au baron de Vitré, pour le fief de Ruillé en Saint-Martin de Vitré.

1590-1592. Edit rendu par Henri IV, accordant une pension de 400 écus à Jean Ravenel, sieur de la Grange, commandant de Vitré. (Arch. de la Loire-Inférieure, B. 1277, reg.)

Les Chevalerie.

(Portent : de gueules au cheval effrayé d'argent).

CHEVALLERIE (Georges), sieur de Lépine, annobli en 1547, épouse Jeanne Le Moyne, d'où :

A. CHEVALLERIE (René), sieur de Lépine, épouse, en 1549, Gillette de la Massonnais, d'où : Elie Chevallerie, sieur du Faix;

B. JEAN, sieur de la Louchardière, épouse Marguerite Ravenel;

C. CHEVALLERIE (Amaury), épouse Catherine Ravenel;

D. CHEVALLERIE (Jeanne), épouse : 1º écuyer Julien Godard de la Motte; 2º Christophe de Gennes; 3º Philippe Le Militaire, alloué de Vitré;

E. CHEVALLERIE (Perrine), épouse Jean Hay des Nétumières, conseiller au Parlement, d'où : Isaac-Siméon-Daniel-Jean et Paul Hay;

F. CHEVALLERIE (Gillette), épouse écuyer Jean de Marcille de la Roche.

B.

CHEVALLERIE (Jean), sieur de la Louchardière, épouse Marguerite Ravenel, d'où :

a. CHEVALLERIE (Isaac), sieur du Plessix, épouse Jeanne Martin, d'où : Suzanne Chevallerie, mariée à Yves de Taillefer, sieur de la Lande;

b. CHEVALLERIE DU BOISANGER (Timothée), épouse Jeanne Burel, d'où : Anseau Chevallerie du Boisanger ; il produisit à la réformation de 1669 ;

c. CHEVALLERIE (Marguerite), épouse Pierre du Boisbéranger ;

d. CHEVALLERIE (Marie), épouse Louis de la Varye de Longchamps.

e. CHEVALLERIE (Anne), épouse Claude Gohé de la Houssaye ;

f. CHEVALLERIE (Jeanne), épouse Jacques Brossard, sieur de Launay ;

g. CHEVALLERIE (Jean), qui suit :

CHEVALLERIE (Jean), marié à Anthoinette de Torchard, d'où :

CHEVALLERIE (Marguerite), épouse Georges de Gennes de la Brosse, fils de Pierre de Gennes et de Renée Roulleaux, d'où :

I. — DE GENNES (Anne).

II. — DE GENNES DE LA BROSSE (Paul).

III. — DE GENNES DE BEAUVAIS, marié à demoiselle Beziel du Bourg, mort sans hoirs, à Montreuil-sous-Pérouse, en 1721.

I.

DE GENNES (Anne), épouse Pierre Le Cocq, d'où :

LE COCQ (Marguerite), épouse, en 1711, Julien Duperron, sieur de la Maisonneuve, d'où :

Duperron de Tesnière (Pierre), maire de Vitré, épouse Anne-Marie Jeusse, d'où :

Duperron (Nathalie), épouse Pierre-Anne-Ignace Hardy, d'où :

Hardy (Charles), maire de Vitré, épouse Thérèse Seré du Mesnil.

II.

De Gennes de la Brosse (Paul), épouse Perrine de Servaude, d'où :

De Gennes (Jean), épouse, à Domaigné, demoiselle N***, d'où :

De Gennes (Anthoine), recteur du Rheu, près Rennes.

Descendance de Macé Bonnieu de la Poterie.

Bonnieu (Macé), sieur de la Poterie, épouse Jeanne N***, d'où :

I. — Bonnieu (Macé), épouse Marie Lair ;

II. — Bonnieu (Jeanne), épouse Jean de Bregel ; sieur de la Gambretière, lieutenant de Fougères. Perrine de Bregel fut mariée à Sébastien Frain de la Villegonthier (1), sénéchal de Fougères ;

---

(1) 1602-1603. René Le Corvaiser rend aveu pour le lieu noble de la Villegonthier, en la paroisse de Parigné. (*Inventaire des*

III. — BONNIEU (Perrine), épouse Jean Le Corvaisier, de la Cour-Gelée;

IV. — BONNIEU (Françoise), qui suit.

IV.

Descendance de Françoise Bonnieu.

BONNIEU (Françoise), épouse, le 13 avril 1598, Guillaume de Gennes, sieur des Noës, d'où :

DE GENNES DE LA MATHELAIS, secrétaire de la reine Anne d'Autriche, épouse, en 1626, Olive Billon, d'où :

    A. DE GENNES DE LA MOTTE (Claude), qui suit :

    B. DE GENNES DE LA MATHELAIS (Joseph);

    C. DE GENNES (Marie);

    D. DE GENNES DE LA VILLECHÈRE (Jean), épouse, le 3 juin 1664, Olive Marion, d'où : Olive de Gennes, mariée le 8 juillet 1680, à messire Oriot de Kergoët, bailli de Morlaix, d'où une fille mariée au comte de Breugnon, capitaine des vaisseaux du Roi;

    E. DE GENNES (Hélène), supérieure des Ursulines de Vitré;

---

arch. de la Loire-Inférieure, par Ramet.) Cette terre devint a propriété de Pierre Frain d'Iffer, époux de Gillette Le Corvaisier. (*Les paroisses des deux cantons de Fougères*, par Maupillé.)

F. DE GENNES (Michel), mort de la peste, à Cadix, le 6 mai 1649;

G. DE GENNES (Suzanne), religieuse hospitalière;

H. DE GENNES (Guillaume, Jean, Pierre, Renée, Jeanne), décédés s. h.

A.

DE GENNES DE LA MOTTE (Claude), épouse, en 1651, Michelle Caillet, d'où :

1° DE GENNES (Joseph), qui suit;

2° DE GENNES (Jean, Olivier, Michel), décédés s. h.;

3° DE GENNES (Claude), bénédictin;

4° DE GENNES (Marie-Thérèse), mariée à Nicolas Lasnier de la Valette.

DE GENNES DE LA MOTTE (Joseph), épouse Anne-Marie Le Clerc, d'où :

1° DE GENNES (Jean-Nicolas), avocat aux conseils du Roi;

2° DE GENNES DU CHALONGE (François-Paul-Marie), épouse, le 1er février 1732, Marie-Anne Lefaucheux, d'où : Pierre de Gennes, jésuite; Marie-Anne, religieuse hospitalière;

3° DE GENNES (Claude-Martin), décédé au séminaire de Saint-Sulpice;

4° DE GENNES DE LA GUILMARAIS (Aug.).

5° DE GENNES DE LA MOTTE (Jacques), décédé

doyen de Vitré le 2 février 1768. C'est l'auteur du mémorial cité dans les *Familles de Vitré*, p. 42-43; dans le *Livre de Famille*, par M. de Rible, p. 92-93;

6º DE GENNES DE LA FONTENELLE (Pierre-Nicolas), décédé, le 3 avril 1787, doyen de Vitré;

7º DE GENNES (Renée-Marie), religieuse ursuline.

B.

DE GENNES DE LA MATHELAIS (Joseph), petit-fils de Guillaume des Noës et de Françoise Bonnieu, épouse Olive du Verger, d'où :

1º DE GENNES DE LA MATHELAIS (Joseph), marié à Marie Rottier, décédée s. h., le 2 juin 1742;

2º DE GENNES DE LAMBERT (Claude);

3º DE GENNES (Jean-Baptiste, Marie-Thérèse et Renée), décédés s. all.;

4º DE GENNES (Guillaume), cordelier;

5º DE GENNES DE LA MATHELAIS (Félix), qui suit :

DE GENNES DE LA MATHELAIS (Félix) (1), épouse, le 15 janvier 1733, Gabrielle Charil, d'où :

a. DE LAMBERT (André-Félix), épouse, le 17 mai 1763, Marie-Suzanne Thomas de la Plesse, fille du Sénéchal de Vitré, d'où :

---

(1) Nous avons omis plusieurs descendants de Félix et d'André Félix de Gennes, morts en bas âge ou sans alliance.

1° De Gennes (Pauline), épouse Julien-Pierre-Marie Hevin, d'où demoiselle Hevin, épouse J. M. Le Moyne de la Borderie (1);

2° De Gennes (Jeanne), épouse Louis-Marie Pollet, conservateur des hypothèques, à Vitré.

b. De Gennes de La Vieuville (Marie-Pierre-Ignace), épouse, le 5 septembre 1786, Anne-Françoise Hardy, fille de Mathurin Hardy, sieur du Rocher, et de Jeanne-Françoise Le Faucheur.

c. De Gennes de Chantelou (Claude), épouse, le 11 décembre 1781, Anne Séré, fille de Mathurin Seré du Teil et de Marguerite Frain de La Motte, d'où :

1° De Gennes (Félicité), épouse Julien Richard.

2° De Gennes (Marie-Anne), épouse, le 8 février 1812, Maurice Bernard de Courville, d'où : Alfred de Courville, général de brigade, commandeur de la Légion d'honneur, épouse Valerie de Jomini. Louis de Courville épouse demoiselle Camille Jegou du Laz.

---

(1) Père de M. Waldeck de la Borderie, conseiller général, maire de Cornillé ; de M. Arthur de la Borderie, membre du comité des travaux historiques, président de la société des bibliophiles bretons, président du comité de l'enseignement libre d'Ille-et-Vilaine.

3º DE GENNES (Félix), épouse, le 12 février 1822, Constance Thomas de la Plesse, d'où : Constance de Gennes, épouse Jules Richard, et Félix de Gennes, maire de la Chapelle-Erbrée, en 1878.

C.

DE GENNES (Marie), fille de Jean de Gennes de la Mathelais, secrétaire d'Anne d'Autriche, et d'Olive Billon, épouse, en 1668, Pierre Bonnieu de la Haute-Maison, d'où :

G. BONNIEU DE LA BOUGATRIÈRE (Pierre), prêtre.

H. BONNIEU (Olive), épouse Jacques Boscher des Aulnais, cousin-germain de Duguay-Trouin, s. h.;

I. BONNIEU (Renée), épouse René Courte de la Blanchardière, maire d'Ernée;

J. BONNIEU (Marie), épouse Jean Duchemin de la Brochardière.

I.

BONNIEU (Renée), épouse René Courte de la Blanchardière, d'où :

COURTE DE LA BOUGATRIÈRE (René), épouse Henriette Moreau de la Primerais. Il fut conseiller à la cour des Monnaies de Paris, d'où :

COURTE DE LA BOUGATRIÈRE (Ambroise), capitaine au

régiment d'Anjou (infanterie), chevalier de Saint-Louis, épouse Marguerite-Renée-Françoise Duchemin de Gresse, d'où :

COURTE (Ambroise-Marie-Joseph), baptisé à Laval, paroisse de la Trinité, épouse demoiselle de Vernay de Ronceray, fille de Mathurin et de dame Marie-Françoise Guays.

J.

BONNIEU (Marie), épouse Jean Duchemin de la Brochardière, d'où :

1º DUCHEMIN DE LA BROCHARDIÈRE (Pierre) qui suit :

2º DUCHEMIN DE LA BROCHARDIÈRE (Marie-Marguerite-Thérèse), épouse Pierre Frain de la Motte, advocat et procureur fiscal de la ville et baronnie de Vitré (contrat de mariage (1) du 2 juillet 1723), d'où :

FRAIN DE LA GAULAIRIE (Jean), épouse Marguerite Hardy.

3º DUCHEMIN DE LA BARBERIE (Jean), marié à N. Brouillère.

4º DUCHEMIN (Louis), décédé à Saint-Domingue.

---

(1) Ce contrat est au rapport de maître Jacques Le Moyne et Louis Baugrand, notaires à Laval. Jean Frain et Marguerite de Gennes, père et mère de Pierre, y sont représentés par messire Annibal de Farcy, chevalier, sieur de Muée, en vertu d'une procuration datée du 30 juin 1723.

DUCHEMIN DE LA BROCHARDIÈRE (Pierre), épouse Charlotte-Marie-Françoise Gaultier de la Vieucour, d'où :

DUCHEMIN DE LA BROCHARDIÈRE (1) (Perrine-Marie), épouse Joseph-Charles-Jean Duchemin du Boisdupin, d'où :

 a. DUCHEMIN DU BOISDUPIN (Ambroise), épouse Renée Berset d'Hauterive, d'où : Renée Duchemin du Boisdupin, épouse Armand-René Soucanye, baron de Landevoisin ;

 b. DUCHEMIN DU BOISDUPIN (Marie-Charlotte-Jacquine), épouse Joseph-Marie-Anne Gaultier de Saint-Cyr, fils de Daniel de la Villeaudray et de Anne Houesnard, d'où : 1º Marie Gaultier de Saint-Cyr, épouse Henri-Charles-Marie du Bourg, fils de Joseph-Marie du Bourg et de Julie-Céleste-Anne Le Moyne ; 2º Émilie, Annette-Henriette Gaultier, décédées sans alliances ; 3º Daniel Gaultier de Saint-Cyr, marié à D^{lle} Le Jay de la Foretterie, de la ville d'Ernée.

---

(1) Elle avait pour frère : Jean Duchemin de la Brochardière, marié : 1º à N. Le Maçon, 2º à Geneviève Hilavois de la Varenne, décédé sans héritiers ; pour sœur : Anne-Jeanne-Julienne Duchemin, religieuse ursuline à Laval.

Les ascendants de Guillaume de Gennes des Noës, gendre de Macé Bonnieu Poterie.

De Gennes (Pierre), né en 1414, épouse Yvonne Vettier, d'où :

De Gennes de la Mazure (Guillaume), épouse : 1º Etiennette Haste ; 2º Perrine Hardy de la Herinnière.

De ce second mariage :

De Gennes de la Cordionnais (Guillaume), épouse Gillette Le Gouverneur, d'où :

De Gennes de la Cordionnais (Guillaume), épouse Jeanne Nouail, d'où :

1º De Gennes des Noes (Guillaume), né en 1576, épouse en 1598 Françoise Bonnieu de la Poterie, d'où Jean de Gennes de la Mathelais.

2º De Gennes de la Cordionnais (Pierre), épouse Renée Roulleaux du Plessix (1), d'où Georges de Gennes de la Brosse, marié à Marguerite de la Chevalerie ;

3º De Gennes (Suzanne), épouse René Lambaré, sieur de Laigrière.

---

(1) En 1569, Guillaume Roulleaux paye 25 livres sur les fouages de Vitré (*Comptes des rentes dues au Roi sur les feux de fouages de Vitré.*) (Arch. de la Loire-Inf.)

Seré.

(De gueules à la sirène d'argent.)

Seré (Mathurin), que l'on fait venir en Bretagne avec M. de la Trémoille, eut pour enfants :

I. Seré (Nicolas), épouse Bertranne du Pré, sieur et dame de Valsergues, d'où :

1º Seré de Valsergues (Nicolas), tué à Brouage en 1577 ;

2º Seré (Barbe), épouse Couaquen Nouail.

II. Seré (Mathurin) qui suit :

II.

Seré (Mathurin), sieur de Lambert, marié à Olive Guillaudeu, d'où :

1º Seré (Jean), épouse Jeanne Gannain ;

2º Seré (Barbe), mariée à Pierre Ribretière, sieur et dame de la Hamelinais ;

3º Seré (Étiennette), épouse François Billon, sieur et dame de la Mehaignerie (*Notes communiquées par M. Seré de la Villemarterre à ses cousins de Vitré, 5 juillet 1738*).

4º Seré (Georges), sieur de la Sibonnière qui suit :

SERÉ (Georges) de la Sibonnière, marié à Jeanne Le Clavier (1) d'où :

A. SERÉ DE LA SIBONNIÈRE (Mathurin) ;

B. SERÉ DE LA PASQUERIE (Luc), auteur des La Villemarterre et des Landes ;

C. SERÉ (Perrine, Jacquine et Olive) ;

D. SERÉ (Jeanne), épouse Jean Gaumer.

A.

SERÉ DE LA SIBONNIÈRE (Mathurin), fils de Georges et de Jeanne Le Clavier, épouse Guillemette Charil, fille de Jean Charil et de Renée Le Clerc, sieur et dame de la Barre, d'où :

E. SERÉ (Julien), sieur de la Sibonnière, qui suit :

F. SERÉ (Georges), sieur de la Tisonnais ;

G. SERÉ DES ORVINIÈRES (Guillaume), prêtre ;

H. SERÉ (Estienne), sieur de la Gruère ;

I. SERÉ DE LORVINIÈRE (Luc), auteur de la Fleuryais et du Mesnil ;

J. SERÉ DE LA GRANDE-MAISON (Jean) ;

K. SERÉ (Jeanne), épouse André Huré, sieur de la Massonnais, d'où : Claude, Mathurin et

---

(1) En 1571, Jean Clavier paye 12 livres 10 sous sur les fouages de Vitré. (*Comptes des rentes dues au Roi sur les fouages de Vitré.*)

Bernardine Huré, qui fut femme de Gilles Le Moyne, syndic de Vitré.

Le partage desdits Seré est du 14 février 1631.

E.

SERÉ (Julien), sieur de la Sibonnière, épouse Jeanne Monnerie, d'où :

1º SERÉ DE LA SIBONNIÈRE (René), épouse Jacquinne Le Fort, d'où :
- a. SERÉ (Gilles), épouse Julienne Guillaudeu ;
- b. SERÉ (Gillonne), épouse René Charil de Briettes, desquels :

CHARIL DES MAZURES (Etienne) ;

CHARIL (Julienne) ;

CHARIL (Gilonne), épouse Mathurin Seré ;

CHARIL (Marianne), épouse J.-P. Le Faucheur ;

2º SERÉ (Marie), épouse François Trochery, d'où :
- a. TROCHERY (Marie), épouse Luc Seré du Mesnil ;
- b. TROCHERY (Olive), épouse écuyer François Bouleuc de la Villeblanche ;

3º SERÉ (Anthoinette), décédée s. h. ;

4º SERÉ (Jean) ;

5º SERÉ (Gilles), sieur de la Tisonnais ;

6º SERÉ DES BRETONNIÈRES (Julien) ;

7º SERÉ (Luc), religieux capucin ;

8° Seré (Étiennette), religieuse hospitalière ;

9° Seré de Lorvinière (Olivier), épouse Jeanne Boulain, de la ville de Saint-Malo, d'où :

> a. Seré (Françoise-Marie), épouse Thomas de Robien de Kerambourg, d'où :

> De Robien (Julienne-Andrée-Françoise), épouse, le 20 juin 1728, de Robien, président au Parlement de Bretagne. (Voir sur cet illustre magistrat la *Biog. bret.*) ;

> b. Seré (Charlotte), épouse messire Henri Guiheneuc de Boishue ;

> c. Seré (Françoise), épouse messire Le Noir de Carlan.

I.

Branche de la Fleuryais et du Mesnil.

Seré de Lorvinière (Luc), épouse Anne Billeu, d'où :

Seré de la Fleuryais (Gilles), épouse Jeanne Fouet, d'où :

1° Seré du Mesnil (Luc), qui suit ;

2° Seré de la Fleuryais (Mathurin), né en 1677, décédé en 1751, épouse Gillonne Charil, d'où :

> Seré du Teil (Mathurin), maire de Vitré, marié à Marguerite-Thérèse Frain de la

Motte, fille de Pierre et de Marie du Chemin, dont :

1º Seré (Anne), épouse, en 1781, Claude de Gennes ;

2º Seré (Marie-Judith), épouse, en 1786, Charles Gauthier de Vaucenay ;

3º Seré (Marguerite), épouse, en 1799, Joseph-Charles Le Breton de la Coudre.

4º Seré (Prosper), épouse demoiselle Malherbe.

Seré du Mesnil (Luc), fils de Gilles Seré et de Jeanne Fouet, né en 1668, décédé en 1728, épouse Marie Trochery, d'où :

a. Seré du Mesnil (Luc), qui suit :

b. Seré (Jeanne), épouse Ambroise Baston de la Riboisière, lieutenant de Fougères ;

c. Seré (Marie), épouse Joseph-Esprit Langlé de la Gaillardière, conseiller au Présidial de Rennes, d'où :

Langlé (Joseph-Augustin), capitaine d'infanterie, commissaire des guerres, épouse Reine-Pélagie Pinot du Petit-bois, d'où :

Langlé (Reine-Guillemette-Charlotte), épouse Charles-Corneille-Placide de Thierry, chevalier de la Prévalaye.

Seré du Mesnil (Luc-Olivier), né en 1696, épouse Françoise-Louise de la Porte, d'où :

1º Seré du Mesnil (Luc-Olivier), né en 1734, qui suit :

2º Seré (Joseph-François), né en 1736.

3º Seré (Gilles-Joseph), né en 1737, épouse demoiselle de Crecqueraut ;

4º Seré (Mathurin), né en 1740, mort à la côte d'Angol, en 1765.

Seré du Mesnil (Luc-Olivier), épouse Marguerite Hardy, veuve de Jean Frain de la Gaulairie, d'où :

1º Seré (Françoise-Marguerite), née le 9 octobre 1777 ;

2º Seré (Luc-Jean-Joseph), né en 1779 ;

3º Seré (Joseph), né le 27 juin 1782 ;

4º Seré (Thérèse-Flavie-Mathurine), née le 15 août 1784, épouse, le 6 mai 1805, Charles Hardy de Beauvais, maire de Vitré, d'où : Hardy (Charles), épouse Ida du Bois de la Cotardière.

B.

Branches de la Pasquerie des Landes et Villemarterre (1).

Seré de la Pasquerie (Luc), épouse Bernardine Gaillard, de la ville de Saint-Malo, d'où :

---

(1) De cette branche établie à Saint-Malo vint Françoise-Thérèse Seré, qui épousa Claude Vincent, secrétaire du roi, et fut mère de Jacques-Claude-Marie Vincent, sieur de Gournay, intendant du commerce, célèbre économiste dont les principes sur la liberté commerciale et la concurrence illimitée furent soutenus par Turgot.

d. Seré de la Pasquerie (Mathurin);

e. Seré (Jacques), sieur des Landes, maître aux comptes à Nantes, né en 1600, décédé s. h.;

f. Seré (Luc).

d.

Seré de la Pasquerie (Mathurin), épouse Françoise Artur, d'où :

Seré (Jean), sieur de la Villemarterre, secrétaire du Roy, épouse Jeanne Guichet, d'où :

1° Seré de Vildé (Pierre-Guillaume);

2° Seré (Jean-Baptiste), épouse demoiselle Jazier de la Garde, nièce de l'illustre Duguay-Trouin;

3° Seré de la Villemarterre (Louis-Nicolas), épouse Angélique Le Breton, d'où :

> Alain-Louis Seré, Jean-Baptiste Seré, Jean-Malo Seré, Pierre-Jean Seré, Alain-Jean-Camille Seré, décédés s. h.;
>
> Seré de la Villemarterre (François), marié à l'île Bourbon à demoiselle Desiles-Mazades;
>
> Seré (Luc-Hippolyte), marié à Cadix, à demoiselle Venel;
>
> Seré (Louis-Alain). (Le 18 juillet 1771, ce dernier transmettait à ses cousins de Vitré les notes généalogiques que nous publions aujourd'hui.)

f.

Seré (Luc), sieur de la Villemarterre, épouse Marguerite Pepin, d'où :

Seré des Landes (Luc), écuyer, secrétaire du Roi, épouse demoiselle Magon, d'où :

Seré (François-Joseph), conseiller au Parlement de Paris, épouse N***, d'où :

Seré (Pierre-François), seigneur de Rieux, lieutenant des gardes françaises, épouse Élisabeth de Vetèris du Rest, d'où :

Seré (Luc-Antoine), chevalier seigneur de Rieux, en son vivant mestre de camp de cavalerie, exempt des gardes du corps du Roi, chevalier de l'ordre royal et militaire de Saint-Louis. Il avait épousé, en 1765, Anne-Angélique-Louise de Savary.

Voici son épitaphe, gravée sur une plaque de marbre noir, dans l'église paroissiale de Tillé, à une lieue de Beauvais, généralité d'Amiens, élection de Mondidier :

Hic jacet D. D. Antonius Lucas de Sere Religioni Christianum, regi militem, civem patriæ, uxoris amantissimæ spem felicitatis, puero vix concepto patrem, parentibus amicum, amicis dulcedinem, societati amorem et decus, pauperibus solamen, parochiæ dominum et protectorem, mors omnium victrix sustulit die XXII novembris MDCCLXV. XXXIX ætatis anno, duobus vix mensibus elapsis post matrimonium cum D. D. anna Angelica Ludovica de Savary quæ marmor hoc pietatis amoris et œqui animi monumentum posuit.

Requiescat in pace!

Il avait pour frères :

1º Messire Seré (Augustin-François), prieur Daumeray, au diocèse d'Angers, vicaire général du diocèse de Vence ;

2º Seré (Antoine-Charles), chevalier mousquetaire dans la seconde compagnie de la garde du Roi ;

Pour sœur :

Seré (N.), mariée à M. de Julienne (1).

---

(1) Mme de Julienne était veuve et habitait Paris en 1767. Son mari serait-il cet amateur dont le nom et les collections sont cités dans le *Mémorial de Paris*, imprimé en 1749, chez Bauche fils, p. 209 ?

« Le cabinet de M. de Julienne, dont la maison est à la manufacture royale des Gobelins, au faubourg Saint-Marceau, près la barrière, est un des premiers de Paris pour l'abondance et le choix des ouvrages des plus grands maîtres de l'école d'Italie, de Flandre et de celle de France. Ce ne sont pas seulement les tableaux qui embellissent ses salles et galeries, on y voit avec plaisir de très-beaux bronzes, des porcelaines extrêmement rares. Comme les connaissances de M. de Julienne sont fort étendues, il a encore ramassé beaucoup de pierres gravées d'une singulière beauté. L'accueil obligeant avec lequel il reçoit les étrangers, sa douceur et sa modestie sont un charme dont les étrangers sont infiniment touchés. »

Le Moyne, Guerinière et Grand-Pré.

Le Moyne (Jean), « dans un acte de 1445, prend la qualité de seigneur de Vauborel. Il était l'aîné de René et d'André (1) et oncle maternel de Guillemette de Lebaye, dame de Gaillon, par l'avis de laquelle Louis Le Moyne de la Morandière, son neveu, dressa cette généalogie en 1584. » Ce Jean Le Moyne épousa Yzabeau Renaud, d'où :

Le Moyne (Macé), épouse Marie Lambaré, fille de Raoul Lambaré et de Jeanne Ravenel, d'où :

1º Le Moyne des Ormeaux (René), d'où :

Le Moyne (Gilles), maître aux comptes, père de Christophe Le Moyne, maître aux comptes ;

2º Le Moyne-Janvrie (Jean), qui suit :

Le Moyne-Janvrie (Jean), marié à Jeanne Ory, d'où :

1º Le Moyne (Jean) ;

2º Le Moyne (Michel), épouse Jeanne Ravenel, d'où :

a. Le Moyne (Pierre), épouse : 1º Isabeau Le Fort ; 2º N. de Moucheron, « dont les enfants s'établirent en Hollande, à Mildebourg, où ils ont perpétué leur nom ; »

---

(1) André Le Moyne-Sirouère, frère de Jean, épousa Thomine Bernardais et fut l'auteur de Jean Le Moyne-Sirouère, de Mathurin Le Moyne de la Borderie et de René Le Moyne des Beuvrières.

b. Le Moyne (Esther), épouse André de Couesnon, sieur des Landes, de la maison des seigneurs du Bremanfany;

3° Le Moyne-Guérinière (Jean), qui suit ;

Le Moyne-Guerinière (Jean), épouse Olive Taunel, dame de Grands-Prés.

« Ledit Le Moyne-Guerinière mourut, vers la fin du seizième siècle, à Grenesey, où il s'était retiré à cause des guerres qui troublaient la France. »

De son mariage :

Le Moyne de Grand-Pré (Jean), épouse : 1° Jacquine de Gennes ; 2° Anne de la Massonnais.

Du premier mariage :

Le Moyne (Pierre), qui suit.

Du second mariage :

Le Moyne (Jean).

Le Moyne de Grand-Pré (Pierre), né à Grenesey, épouse Catherine Le Febvre, fille de Jean Le Febvre-Piaiserie, d'où :

1° Le Moyne de la Lehorie (Mathurin), épouse Jeanne Le Fort, d'où :

a. Le Moyne (Jeanne), épouse N. de Gennes du Perray, dont un fils prêtre et doyen de la collégiale de Champeaux;

b. Le Moyne (Catherine), mariée au sieur Le Fort de Nantes;

c. Le Moyne (Rachel), épouse Jacques

Hardy de la Mézière, dont la fille épousa Pierre Jolan de Clairville;

2º LE MOYNE DE GRAND-PRÉ (Pierre), qui suit :

LE MOYNE DE GRAND-PRÉ (Pierre), épouse Marguerite Le Moyne, fille de Paul de la Marche et de Rachel Coudray de la Meslinais, d'où :

1º LE MOYNE (Richard), épouse Renée Hevin, d'où : Jean-Baptiste Le Moyne de Grand-Pré, écuyer secrétaire du Roy, marié à Julie-Antoinette Houesnard, fille de Joseph et de Suzanne Hardy;

2º LE MOYNE (Charles), épouse Suzanne Nouail, fille de Pierre Nouail de Cohigné et de Jeanne de Gennes;

3º LE MOYNE DE GUÉ DE PRUNELLE (Pierre), épouse Charlotte des Pommards de Maillarville, originaire de Dieppe, d'où : Marie-Charlotte, épouse Olivier Charil de la Gasselière, dont : Charil de la Gasselière, marié à Anne Berthois de la Rouxelière;

4º LE MOYNE (Marguerite), épouse Jacques de Girard de Châteauvieux, originaire de Languedoc, d'où : Charles de Girard, épouse D^{lle} du Verger;

5º LE MOYNE (Suzanne), épouse René Le Febvre du Pavillon, procureur du Roi à Fougères, dont la fille épousa le sieur du Verger des Bertries, d'où : D^{lle} du Verger, mariée à Christophe Le Mercier des Alleux;

6º LE MOYNE (Rachel), épouse Samuel du Bourdieu, décédée sans postérité.

Ascendants et descendants de Guy Hardy, sieur du Rocher.

HARDY (Guy), né en 1490, épouse Françoise le Bigot, d'où :

1º HARDY (Jacques) qui suit ;

2º HARDY (Jeanne), épouse N. Morel, sieur des Bretonnières, père et mère d'André Morel fondateur de la chapelle des Bretonnières.

HARDY (Jacques), sieur du Rocher, épouse Magdeleine Faruel (1) d'où :

HARDY (Pierre).

HARDY (Guy) qui suit :

HARDY (Guy), sieur du Rocher, épouse Marie Le Febvre d'où :

1º HARDY (Pierre) qui suit ;

2º HARDY (Paul) Guilmeliere épouse Marie Guesdon, dont la fille unique épousa Benjamin de Gennes ;

3º HARDY (Renée) épouse, 7 janvier 1618, Pierre Geffrard ;

4º HARDY (Catherine) épouse Pierre Briant sieur de Liboré ;

5º HARDY (Suzanne) épouse Étienne Dauphin de la Croix-Blanche ;

(1) Devenue veuve, elle épousa Jean de Gennes de la Brosse.

6º Hardy (Jacques, Gédéon, Abraham), passés en Angleterre.

Hardy du Rocher (Pierre) épouse Renée du Verger, fille de Jean sieur de l'Épinay et d'Olive Le Moyne d'où :

A. Hardy (Jean) qui suit ;

B. Hardy (Marie) épouse Mathurin Billon sieur du Domaine (Voir leur descendance ci-après).

Hardy du Rocher (Jean) épouse Suzanne Marion (1) fille de Mathurin sieur de la Fontaine et de Renée du Verger (contrat du 27 juin 1654) d'où :

Hardy (Mathurin) qui suit ;

Hardy (Élisabeth) épouse Joachim Renault sieur de la Mancelière d'où :

> Renault Joachim épouse Olive Geffrard père et mère de :
>
> 1º Renault (Suzanne) épouse Écuyer Claude Olivier Marion sieur du Val; de leur mariage : Élisabeth Marion mariée : 1º à N. Hay comte de Tizé ; 2º à Messire Charles du Boispéan conseiller au Parlement de Bretagne ;
>
> 2º Renault (Jeanne) épouse Joachim Marion des Bretonnières père et mère d'Écuyer Joachim Marion et d'Olive Marion mariée à M. de la Villejeannin,

---

(1) Devenue veuve, elle épousa Paul Hanry, sieur des Landes. Voir leur descendance ci-après.

bisaïeule du colonel Baron de Berthois possesseur actuel des Bretonnières.

Hardy du Rocher (Mathurin), épouse Anne Le Moyne, fille de Gilles Le Moyne, syndic de Vitré, et de Bernardine Huré (contrat du 21 février 1687), d'où :

C. Hardy (Mathurin), qui suit ;

D. Hardy (Joseph), épouse Demoiselle Croizé du Mur, sans héritier ;

E. Hardy de la Largère (Pierre), épouse Anne Reste, d'où :

1º Hardy de la Largère (Mathurin-François-Mathieu), épouse Jeanne-Aimée-Marie Le Moyne, fille de Jean et de Marie de Beaudouart (31 mai 1760);

2º Hardy (Suzanne-Anne-Sainte), épouse Gilles-Charles Le Maczon (18 août 1751);

F. Hardy (Suzanne), épouse Joseph Houesnard de Loresse, de la ville de Laval, d'où :

1º Houesnard (N.), religieuse ursuline ;

2º Houesnard (Julie-Antoinette), épouse Jean-Baptiste Le Moyne de Grand-Pré, père et mère de Julie-Céleste-Anne, mariée à Écuyer N. du Bourg ;

3º Houesnard (Anne), épouse Daniel-Anne Gaultier de la Villeaudray.

Hardy du Rocher (Mathurin), maire de la communauté de Vitré, épouse Jeanne-Françoise Le Faucheur, fille de Pierre-Ignace et de Marguerite-Françoise Charil (contrat de mariage du 13 novembre 1734), d'où :

1º HARDY (Pierre-Anne-Ignace), qui suit ;

2º HARDY (Mathurin - François - Pierre - Marie), sieur de Beauvais, avocat au Parlement de Bretagne ;

3º HARDY DU PONT (Joseph) ;

4º HARDY (Flavie - Françoise), épouse Joseph Le Royer ;

5º HARDY (Marguerite - Françoise - Thérèse), épouse : 1º Jean-Baptiste-Pierre Frain de la Gaulairie ; 2º Luc-Olivier Seré du Mesnil ;

6º HARDY (Charles), sieur de la Martinière ;

7º HARDY (Jeanne-Marie), Demoiselle de la Martinière ;

8º HARDY (Anne), épouse Pierre - Marie de Gennes de la Vieuville.

HARDY (Pierre-Anne-Ignace), épouse : 1º, le 28 avril 1772, Nathalie-Geneviève Duperron, fille de Pierre Duperron de Tesnière, maire de Vitré, député aux États de Bretagne, et d'Anne Jeusse ; 2º, le 5 octobre 1784, Marie-Françoise Hochet de la Benestière.

B

HARDY (Marie), fille de Pierre et de Renée du Verger, épouse Mathurin Billon du Domaine, d'où :

Billon (Renée), épouse, le 5 septembre 1674, écuyer Joseph Geffrard du Plessix (1), d'où :

1º Geffrard (Marie), épouse, en 1701, Mathurin Tanguy de la Favetière ;

2º Geffrard (Mathurin-Claude), écuyer, épouse, en 1707, Françoise Fleuriot ;

3º Geffrard (Joseph-Étienne), écuyer, qui suit ;

4º Geffrard (Émilie-Bernardine), épouse, en 1699, Arnault de Goyon, originaire de Guyenne, général des finances à la chambre des Comptes, à Nantes, d'où :

    a. De Goyon (Pierre), écuyer, capitaine au régiment de Champagne, tué au combat de Parme (1734) ;

    b. De Goyon (Joseph-Martin), écuyer, épouse, le 19 juillet 1700, Marie-Thérèse de Luynes.

Geffrard (Joseph-Étienne), écuyer, épouse, le 14 octobre 1723, Marie-Anne Nouail (2), d'où :

1º Geffrard (Joseph), qui suit ;

2º Geffrard (Prosper), lieutenant-colonel de Royal-Comtois, chevalier de Saint-Louis ;

3º Geffrard (Charles-François-Joseph), capitaine au régiment de Forest, chevalier de Saint-Louis, pensionnaire des États de Bretagne ;

---

(1) Il était fils de Mathurin Geffrard et de Suzanne Geffrard de Lentillère.

(2) Veuve de Joseph-Étienne Geffrard, Marie-Anne Nouail épousa le chevalier de Ladvocat de la Crochais.

4º GEFFRARD (Athanase), lieutenant au régiment de Forest, chevalier de Saint-Louis ;

5º GEFFRARD (Paul-Augustin), chevalier, seigneur de Montbrayvalle, ancien mousquetaire de la garde ordinaire du Roi.

GEFFRARD (Joseph), seigneur du Boiscornillé, aide-major, capitaine aux gardes françaises, chevalier de Saint-Louis, épouse, en 1761, Anne-Louise Rulaut de Sanois.

MARION (Suzanne), veuve de Jean Hardy du Rocher, épouse Paul Hanry, sieur des Landes, d'où :

I. HANRY (Suzanne) ;

II. HANRY (Françoise), épouse Pierre Le Cocq, fils d'Isaac et de Gilonne Geffrard ;

III. HANRY (Marie-Françoise).

I

HANRY (Suzanne), aînée des enfants de Paul et de Suzanne Marion, épouse Mathurin Charil de Pontdavy, d'où :

CHARIL (Mathurine), épouse Joseph Berthois de la Rouxelière, d'où :

1º BERTHOIS (Pierre-François), écuyer, lieutenant-colonel du génie, chevalier de Saint-Louis, épouse demoiselle de la Villejeannin, père et mère du lieutenant-général, baron de Berthois ;

2º BERTHOIS (Marie-Anne), épouse Joseph-René Charil de la Gasselière ;

3º BERTHOIS (Anne-Suzanne-Mathurine), épouse, le 9 janvier 1753, Jean-Isaac Berny de la Gaulairie, veuf de Louise-Renée Drack, d'où :

    a. BERNY (Suzanne), épouse R. Frangeul ;

    b. BERNY (Julie-Marie), épouse René Charil des Mazures ;

    c. BERNY (Mathurine), épouse Jean-Marie Rubin de la Missonnais ;

    d. BERNY (Anne), épouse René-Charles de Girard de Châteauvieux.

III

HANRY (Marie-Françoise), troisième fille de Paul et de Suzanne Marion, veuve Hardy épouse Joseph du Velaër (1), d'où :

    a. DU VELAER (Julien), décédé sans héritiers ;

    b. DU VELAER (Jeanne), fondatrice de la maison des sœurs de la Charité, à Vitré (2) ;

    c. DU VELAER (Claudine), décédée religieuse ursuline à Vitré ;

---

(1) En 1733 Joseph du Velaër obtint du roi des lettres qui le reconnaissaient noble d'ancienne extraction.

(2) Son testament du 4 février 1793 est au rapport de MM. Guyot du Tremble et Crosson, notaires à Vitré. Elle choisit pour exécuteur testamentaire, Joseph-Marie Charil de Villaufray.

d. Du Velaer, comte du Lude (1);

e. Du Velaer (Marie), épouse René Moreau de la Primerais, père et mère de Françoise Moreau mariée à Jean-François Nouail de la Villegille;

f. Du Velaer (Françoise), épouse Butlaër, dont la fille épousa écuyer Baude de la Vieuville, d'où :

> Baude de la Vieuville (Élisabeth-Françoise), mariée à Louis-Céleste-Frédéric de Talhouët (2), comte de Bonamour.

Les Meneust et leurs alliés en 1598.

De Meneust (Guy), vivant en 1577, vinrent :

I. — Meneust (Guillaume), sieur de la Rouaudière, conseiller du roi et auditeur en la chambre des comptes de Bretagne, d'où :

> 1° Meneust de Brequigny (Guy) (3), sénéchal de Rennes, auteur de l'ordonnance contre les ligueurs vitréens;

---

(1) M. du Velaër comte du Lude et M. Moreau de la Primerais, procureur du Roi en l'amirauté de Saint-Malo, contribuèrent à l'érection du mausolée des Maupertuis.

(2) Il descendait de François de Talhouët, seigneur de Trédion, maréchal de camp et bras droit du duc de Mercœur qui l'envoya investir Vitré en 1589.

(3) Son petit-fils fut président au Parlement de Bretagne. Ses petites-filles Louise et Emmanuelle épousèrent, l'une Louis de Coëtlogon, l'autre Jean de la Porte, sieur d'Artois et du Val.

2° MENEUST (Charles), sieur de la Rouaudière, conseiller du roi et auditeur en la chambre des comptes.

II. — MENEUST (Gilles), qui eut pour enfants :

1° MENEUST (Gilles), receveur de la baronnie de Fougères ;
2° MENEUST (Paul) ;
3° MENEUST (Jehan) ;
4° MENEUST (Marie) ;
5° MENEUST (Jehanne), mariée à Jacques Lambaré.

III. — MENEUST (Renée), mariée à Mathurin Le Moyne, d'où :

1° LE MOYNE (Mathurin) ;
2° LE MOYNE (Guillemette).

IV. — MENEUST (Guillemette), épouse Pierre Ravenel, sieur de la Fauconnerie, d'où :

1° RAVENEL (Jehan), conseiller et esleu pour le roy à Laval ;
2° RAVENEL (Pierre) ;
3° RAVENEL (Estiennette).

V. — MENEUST (François), sieur de Villeneuve, secrétaire de la chambre du roy, dont le fils *François Meneust fut conseiller du roy et président en la chambre des comptes de Paris* (Extrait d'un acte passé à Paris le 19 décembre 1598).

CORRECTIONS ET ADDITIONS

P. 140, l. 15, *au lieu* de Cadelae, *il faut lire* de Cadelac.

P. 149, l. 7, *lisez* Berny (Isaac), maire de Vitré, marié le 9 janvier 1753 à Suzanne Berthois.

P. 153, l. 6, *lisez* Étiennette *au lieu* d'Étienne.

P. 153, l. 23, de Gennes (Gilles), ne doit pas être compté au nombre des enfants de Jean de Gennes, capitaine de Vitré. Il était fils de Pierre et de Catherine Le Febvre. La note de Guillaume de Gennes La Grange (ligne 19 de la même page), le démontre.

P. 159, l. 8, *au lieu* de Louchardière, *lisez* Touchardière.

P. 166, l. 17. Parmi les vingt lettres missives tirées du chartrier de Thouars et édictées par M. Marchegay, il en est une datée du château de Laval, 18 février 1635 et signée d'une *Duchemin Lezine*, veuve Bergeon. Elle mande à la duchesse de la Trémoille, lors en son château de Vitré, « que tous ses parents et meilleurs amis l'ont obligée de prendre une bague en nom de mariage du *sieur de Thuré*, dont ils ont jugé la naissance et la condition convenables à la sienne. Je vous supplie très-humblement, ajoute-t-elle, de me vouloir bien pardonner si je n'ai pas attendu votre commandement en cette action. »

(*Revue de Bret. et Vendée*, avril 1879.)

P. 182, l. 3. Consulter sur les Hardy le *Dictionnaire hist.* d'Ogée, articles Vitré et Châtillon; l'*Armorial de Bretagne*, par Pol de Courcy.

Nous avons entre les mains un aveu rendu au comte de Laval, le septième jour de mars 1486, dans lequel figurent : *Jehan Hardy*, Guill. Le Taillandier, Jean Farcy, Étienne Courgeon et plusieurs membres de cette famille *de la Réaulté* qui, dans ce siècle même, donnait à la France : *Gilles* « originaire de Vitré en Bretagne, conseiller du Roi de France et du duc d'Anjou, maître des requêtes, chevalier du Croissant; » Jehan de la Réaulté, fils du précédent, docteur ès-lois, professeur en l'université d'Angers dès 1447, chanoine de St-Laud, conseiller du roi Charles VII. Il fut l'un des auteurs de la consultation qui provoqua la restitution des biens de Jacques Cœur à ses enfants. En 1478, il avait cédé son canonicat de St-Laud à son neveu, J. Geslin.

(*Dict. biog., géog., hist. de Maine-et-Loire*, par Célestin Port.)

# TABLE ALPHABÉTIQUE

I

NOMS DE FAMILLES

A

	Pages.
Acquaviva	78
Adda (d')	78
Alfieri	78
Aigneaux (d')	46
Alençon (d')	96
Amboise (d')	50
Amyrault	60, 73
André	109
Anjou (d')	7
Anne d'Autriche	162
Antraigues (d')	107, 131, 134, 137
Arc (d')	82
Archier	47
Argentré (d')	13, 19
Arnault	112
Artur	176
Assay (d')	27
Aubigné (d')	36, 69, 121
Aubin	156
Auffray	111
Aumale (d')	16
Autin	139
Avertin (Saint-)	50
Avril	156

B

	Pages.
Bachelard	35, 37
Bagory	81
Bagourd	132
Baillot	152
Baleur (Le)	43
Barre (de la)	141
Baron	141
Basilia	27
Bastard (Le)	32, 33
Baston	174
Baud (Le)	7, 9, 11, 13
Baude	189
Baugrand	167
Beaudouart (de)	184
Beaulac (de)	49, 51
Beaumanoir (de)	15, 82, 105, 107, 108, 113, 114, 116, 117, 118, 131.
Beauvais-Montfermier	79
Bellabre du Teilment	157
Bellay (du)	26, 46
Bellière (de la)	17
Bérard	58
Bergeon	191
Bernard de Courville	165
Berni	52, 53, 70, 90, 149
Berset	168
Berthois (de)	89, 149, 157
Bertin	56, 143
Bertrand	2
Berulle (de)	126
Besnardays	70, 103, 109, 113, 179
Bèze (de)	40, 54, 69

Pages.

Beziel.................... 144, 145, 146, 147, 151, 160
Beziers 47
Biard.. 53, 150
Biarotte.. 50
Bidault... 137
Bigne-Villeneuve (de la)............................... 23
Bigot (Le)................. 82, 88, 97, 110, 142, 153, 173
Bilange... 113, 115
Billeu.. 173
Billon...................................... 162, 166, 170
Blanchais................................... 117, 118, 140
Blinaye (de la)....................................... 156
Blois (de)... 12, 14
Blon (Le)... 81
Blondeau... 140
Bodaire.. 128
Bois (du)...................... 51, 111, 112, 131, 175
Boisberanger (du)................................ 102, 160
Bois-Guyon (du).................................... 141
Boisjouan.. 33
Bois-le-Houx (du).................................. 141
Boispéan (du)....................................... 157
Bonneau.. 42
Bonnieu 99, 100, 101, 102, 103, 132, 150, 161, 162, 166, 169
Borderie (de la)..................... 8, 17, 21, 24, 165
Boscher.. 166
Boschet (du)... 17
Bossuet... 126
Botherel... 113
Boucheran... 141
Boucherye... 109
Bouchet (du)... 53
Bouhourd.. 132
Bouillon (de).. 48
Boulais.. 114

                                                                Pages.
Bouleuc 172
Boullain 173
Bouessel (de) 152
Bourdon 98
Bourdynais 34
Bourdieu (du) 152
Bourg (du) 77, 116, 157, 168
Bourg-Nouveau 139
Bourquelot 32
Bouteiller (de) 82
Braux (de) 82
Bregel (de) 102, 103
Bregolays 139
Breil Le Breton (du) 151
Breton (Le) 120, 149, 156, 174, 176
Breugnon (de) 162
Briant 182
Bricqueville (de) 46
Brie (de) 34
Brillet 18
Brochereul 12
Brossard 102, 160
Brossault (du) 143
Brossays-St-Gravé 48
Brouillère 167
Brunel 142
Buat (du) 83
Burel 118, 160
Busson 9, 10, 11, 12, 13, 15, 23, 107, 110
Butlaër 189

C

Cabannes 37

	Pages.
Cadelac	140
Caillel du Tertre	6, 108
Caillet	163
Calvin	35, 37, 40, 92
Camprond (de)	101
Candé (de)	6
Carmel	37
Carné (de)	20
Carré	39
Catherine	110
Caudé	131
Cauvin	46
Chabalier	47
Challet (de)	77
Chamballan (de)	98
Champagné (de)	111
Champeaux (de)	10
Chanterel	142
Chaponnier (Le)	157
Charil	113, 149, 161, 171, 172, 173
Châtaigner (du)	155
Charles VII	16, 192
Charles VIII	21
Charles IX	81
Charonnière (de la)	140
Châtillon (de)	35
Châteaubriand (de)	21
Châteauneuf (de)	98
Chaussier	142
Chauvin	118
Chemin (du)	51
Chenevière	140, 146
Chérbonnel	141, 142, 158
Cheruel	111
Chesne (du)	76, 109

Chevallerie (de la) 36, 38, 39, 43, 74, 99, 100, 101, 102, 103, 104, 159, 160, 169.

Cholet 76
Clavier (Le) 59, 78, 109, 111, 171
Clerc (Le) 153, 163, 171
Clineau 150
Clisson (de) 12
Cocq (Le) 75, 76, 77, 111, 119, 120, 141, 154, 160
Coëtlogon (de) 189
Cœur (Jacques) 192
Colladon 83
Colligny (de) 37, 51, 83
Collot 136
Conan 7
Condé 45, 47, 81, 126
Conseil 150, 154
Cornabal 132
Corneille 126
Corvaisier (Le) 102, 155, 161, 162
Cornulier 117
Couaisnon (de) 29, 38, 39, 57, 83, 84, 104, 111, 180
Coudray 181
Couffon (de) 13
Couëdit-Pibon 34
Couhé de Verac 35
Coulaine 43
Coulombières-Bricqueville 46
Courcy (de) 82, 192
Courgeon 132, 192
Courtdavon 147
Courte 166, 167
Cousin 46
Couvreulx (Le) 103, 112, 156
Crech-Querault (de) 175
Crespin 104

                                                              Pages.
Crevain 29, 37, 42, 44, 69, 91, 122, 123
Croizé 118, 184
Crollalanza 2, 78

D

Dandelot 48, 114
Dauphin 182
Daville 140
Davoust 111
Davy 101, 110, 118
Descartes 126
Desisles 176
Despréaux 6
Desrues 142
Dippfort 71
Dombes (de) 145
Drack 188
Drouyn 131
Droyaulx 110
Dubois 43, 96, 139
Duchemin 150, 166, 167, 168, 191
Duguay-Trouin 166
Dugué 151
Duperron 77, 101, 150, 160, 161
Dupleix 79
Duplessix-Mornay 121
Dureil 104
Duval 110

E

Eder 13
Élie 82

Pages.

Épinay (d').................. 10, 15, 17, 23, 118, 119, 120
Épine (de l').. 39, 115
Ermenier... 143
Escot... 141
Esnault... 114
Estoile (de l')..................................... 39, 95, 123
Etampes (d')... 18
Eudes... 126
Eutrapel.. 25

F

Fail (du).. 24
Farcy (de).. 167, 192
Farel... 37
Faruel.. 75, 182
Favède (de la).. 52
Fauconnier... 139
Faucheur (Le)................... 150, 156, 163, 165, 172
Faucille (de la)... 98
Fauvel.. 53
Febvre (Le)..................... 72, 90, 111, 153, 180
Feragu... 158
Ferré... 5, 38
Ferrier.. 15
Ferron... 7, 8
Fessant... 111
Fontaine (de la)..................... 34, 142, 144, 145
Fort (Le)..... 39, 78, 109, 111, 145, 146, 147, 149, 172, 179
Fossé (du)... 39, 42
Fouet... 173, 174
Frain........ 96, 97, 150, 151, 161, 162, 165, 167, 173, 175
François 1er.. 31
Fromentin.................................... 114, 115, 116

G

	Pages.
Gaalon (de)	101
Gabron	39
Gaignard	111
Gaillard	175
Galbrun	108
Gallays	138
Gallocher	110
Gannain	170
Gardan	132
Garnier	50, 118
Gasche	118
Gasselin	52
Gaudiche	115, 116
Gaudin	138
Gauffart	110
Gaulard	39
Gaumer	171
Gauthier	100, 142, 146, 168, 174
Geffrard	75, 76, 86, 103, 118, 154, 156, 158
Gendre (Le)	39, 104
Gennes (de)	6, 12, 21, 22, 23, 24, 26, 27, 38, 39, 52, 53, 57, 59, 72, 74, 76, 77, 81, 82, 85, 90, 96, 97, 103, 109, 111, 113, 114, 115, 116, 117, 118, 148, 149, 150, 152, 153, 154, 159, 160, 161, 162, 163, 164, 165, 166, 169, 174, 180.
Gentilis	40
Georgeault	110, 111, 112, 115
Georget	143
Georgin	139
Gerard	132, 140
Geslin	110, 192
Gillet	133, 141

                                                  Pages.

Gillois.. 142
Girard (de)...................................... 77
Girault... 138
Giron... 51
Gobé.. 102, 160
Godard.................................. 59, 111, 159
Godin.. 150
Gonneville.. 71
Goulle (de)....................................... 70
Gouverneur (Le)............... 76, 98, 111, 154, 169
Gravier (du)................................. 45, 70
Greffier.. 27
Grigné (de)...................................... 143
Grillet... 152
Gritti.. 126
Gruet... 40
Guays....................................... 138, 167
Guébriant.. 145
Guerche (de la)................................. 7, 8
Guesclin (du).................................... 155
Guesdon...................................... 39, 149
Guichet.. 176
Guihenneuc (de).................................. 173
Guillaudeu................... 79, 155, 156, 170, 172
Guillaume le Conquérant.......................... 78
Guillet de la Brosse............................. 77
Guillotin de Corson.............................. 18
Guineau.. 82
Guyot.. 188
Guise (de).............................. 45, 46, 95
Guivet... 131
Guizot....................... 31, 41, 45, 50, 95
Guy... 103, 110
Guymeleu... 39
Gyeu... 143

H

                                                  Pages.

Hamon 49, 71
Haniclais 146
Hanry 163, 187, 188
Harcourt (d') 16, 21
Hardy 21, 38, 39, 75, 84, 88, 89, 90, 140, 141, 142,
             150, 153, 156, 161, 165, 169, 175, 182, 183,
             184, 185, 187, 192.
Haste 153, 169
Haton 32, 123
Hay 38, 39, 43, 76, 100, 141, 157, 159
Haye (de la) 115, 116, 141
Hélie 63
Hemestre (de) 53
Henri III 95
Henri IV 98, 122, 127, 158
Herbert 143
Hervye 72
Hevin 133, 165
Hilavois 168
Hochet 185
Horne 77
Houdry 132
Houesnard 168, 184
Hozier (d') 78
Hubaudière 142
Hubert 118
Huré 112, 171

J

James 142
Jamois 75, 118
Jariel (Le) 83

	Pages.
Jazier	176
Jay (Le)	168
Jean V	14, 17
Jegou du Laz	165
Jehannin	142
Jeusse	161
Job	60
Jolan	181
Jolitemps	39, 98
Jomini (de)	165
Jortin	39
Joulain	150
Journée	114
Joyeuse (de)	95
Julienne (de)	81, 140, 142, 178
Jumelais	140
Jurieu	54

L

Ladvocat (de)	151
Lair	102, 161
Lambaré	103, 138, 150, 169, 179
Lambert	116, 153
Landais	18, 19, 20, 21, 112
Landavran (de)	9
Lande (de la)	14, 17
Langle (de)	13
Langlé	174
Lanoue	59, 60, 121
Lasne-Rochelle	113
Lasnier	163
Laval (de) 12, 16, 17, 20, 23, 53, 55, 69, 74, 83, 84, 91, 92, 108, 113, 114.	
Lavallée	30

                                                          Pages.

Lavardin (de) 48, 105, 112
Laubinier 115
Launay (de) 37, 112, 117, 137, 142, 143
Lebaye 179
Legge 71
Lemerre 36
Lénient 122
Lespagnol 142
Levermore 71
Levesque 109
Leziart 113, 116, 142, 143, 146, 154
Lhoumeau 42, 71
Lisle (de) 72
Lizé 138
Leziart 75
Loiseleur 37
Loges (des) 52
Lorin 6, 108
Louveau 49, 51, 52, 70, 91
Louyn 133
Lymonier (Le) 39, 56, 83

M

Mac-Culloch 72
Maczon (Le) 103, 139
Maczonnais 59, 71, 72
Magon 177
Maim 138
Malescot 112, 152
Malherbe 155, 158, 174
Mallet 47
Malleval 146, 147
Malnoë (de) 143

	Pages.
Manducage	79
Marais	117
Marcille (de)	43, 159
Marchant (Le)	71
Marchegay	192
Maretreux	143
Marie	114, 116
Marion	156, 157, 162
Marot	50, 54
Martigues (de)	55
Martin	156, 159
Martinet	83
Masson	115, 116, 143
Massonnays (de la)	159, 180
Mathefelon (de)	8
Matz (du)	11, 74, 107
Maugars	156
Maunoir	126
Mauny	153
Maupillé	56, 155, 162
Mazade	176
Mazerie (de la)	139
Mazurais	111
Mazure (de la)	83, 97
Mayenne (de)	79
Mayeuc	22
Médicis (de)	82, 95, 103
Meix (du)	141
Mellet	6
Melliet	118
Menart	142
Meneust	116, 138, 189, 190
Mercier (Le)	111, 115, 157
Mercœur	96, 97, 98, 101, 189
Méral	118

Pages.
Merlin.................... 35, 38, 46, 51, 69, 82, 84, 91
Mesmenier... 45
Messelays.. 143
Meulnier (Le).. 119
Mezeray.. 79
Militaire (Le).................................... 57, 159
Mey (du)... 142
Molans (de).. 143
Mondonnaye................................... 43, 44, 53
Monnerie... 172
Montboucher (de)................... 12, 17, 83, 96, 98
Montejean...................................... 38, 48, 49
Montgommery (de)............................... 48, 73, 101
Montigny... 115
Montlevaut (de).. 82
Montmartin (de)..... 60, 74, 75, 80, 83, 98, 107, 122, 124, 127
Moreau......................... 32, 33, 35, 166, 189
Morel........................... 88, 89, 90, 116, 118
Morice............. 12, 13, 15, 19, 21, 27, 105, 141, 145
Moucheron (de)... 179
Moyne (Le)   21, 39, 56, 59, 71, 72, 82, 83, 84, 98, 103, 109,
            113, 115, 150, 154, 159, 165, 168, 172, 179,
            181, 182, 184, 190.
Mouëzy... 156
Moussaye (de la)....................................... 51
Mousnier (Le)... 143
Mouton... 49
Musse (de la).. 51

N

Nepvou... 131
Nobletz (Le).. 126
Noir (Le)... 29, 84
Noir de Carlan (Le)................................... 173

Nouail.................... 39, 51, 77, 82, 103 117, 169, 170

O

Ogée.. 192
Ollier.. 126
Onfroy.. 59
Orhan... 133
Orière................................... 110, 142
Oriot.. 162
Ory...................................... 110, 179

P

Paillardin..................................... 77
Paillé... 132
Papin... 133
Paré...................................... 61, 62
Paris.. 117
Paris-Jallobert............... 2, 12, 20, 22, 57, 98
Pasquier...................................... 118
Pays... 101
Paysan.. 152
Paz (du)...................................... 113
Pedron.. 150
Penthièvre (de)........................... 12, 15
Pepin.. 177
Perac (de).................................... 98
Perrot... 115
Perruquet..................................... 70
Peyre (de).................................... 113
Pichart................... 34, 98, 122, 124, 127
Pichot... 139
Piganière (de la)............................. 83
Pigeon... 110

	Pages.
Pinczon	156
Pinot	174
Pinson	34
Place (de la)	72
Plesse (de la)	166
Plessix (du)	9
Plouër	51
Pocé (de)	7, 8, 9
Pocquet	2
Pollet	165
Pommards (des)	181
Ponlevoy (de)	6
Pontavice (du)	116
Ponthus de St-Georges	33
Port (Célestin)	192
Porte (de la)	174, 189
Possart	138
Posson	140
Pouancé (de)	27
Poucquet	51
Poulart	118, 131
Pré (du)	170
Prodhomme	81, 115
Provost	117, 152

R

Radiguer	121
Ragot	85
Raimbaud	139
Raimbaudière (de la)	140
Raimond	69
Rainier	71
Rambault	142
Ramet	162

Pages.

Raton.. 104
Rauclais... 141
Ravallet.. 113, 115
Ravenel... 21, 43, 52, 59, 74, 78, 82, 84, 86, 100, 109, 111,
114, 148, 154, 157, 158, 159, 179, 190.
Réaulté (de la).. 192
Regnaud... 118
Renaudie (La).. 38
Renault... 157, 179
Renouard.. 140
Reste... 184
Ribbes (de)... 2, 164
Ribretière.................................. 109, 110, 170
Richard....................................... 11, 14, 165, 166
Riche (Le)... 36
Rieux (de)... 39
Ringues... 111
Rioul... 111
Rivière (La).. 139
Robien (de)... 173
Rohan... 21, 37
Ronceray....................................... 75, 110, 114
Rondel.. 53, 84
Ropartz....................................... 2, 23, 96
Rosain.. 17
Rosmadec.. 75
Rottier... 164
Rougé (de).. 11
Rouillot.. 2
Rouilly... 152
Roulleaux..................................... 76, 160, 169
Roullée (de).. 70
Roure (du).. 47
Rousion... 139
Rouxigneul................................... 109, 110, 112

Pages.

Royer (Le)... 103, 185
Rubin.. 116, 138
Rulaut.. 187
Rupin.. 6, 109

S

Sachet (Le)... 143
Sage (Le).. 2, 109
Saint-Gondran (de).................................... 34
Saint-Gilles (de)..................................... 17
Saint-Louis.. 53
Sales (saint François de)............................. 126
Salmon... 118
Salverte... 46, 52
Sanson... 81
Sarzana.. 78
Sava... 78
Savary (de).. 177, 178
Savinel.. 115, 116
Sauvé.. 2
Seré.... 78, 79, 109, 113, 161, 165, 169, 171, 172, 174, 175, 176, 177, 178.
Sernois.. 109, 110
Serra.. 78
Servaude (de).. 142, 161
Servannière (de la).................................. 51
Servet... 40
Sévigné (de)... 17, 107, 138, 139
Sigay.. 103
Sismondi (de).. 93
Sixte-Quint.. 126
Soucanye... 168
Souvestre.. 111
Spifames... 35

	Pages.
Stendish.	71
Suffolk	17
Sully	121

T

Taburet.	120
Taillandier.	192
Taillefer.	101, 159
Talhouët (de).	189
Tanguy.	186
Tavernier (Le).	156
Taunel.	71, 180
Texier.	114
Texier (Le).	159
Thebaud.	132
Thierry (de).	174
Thomas.	155, 164, 166
Thoreau.	27
Thoris.	70
Thoumin.	111
Thouin.	109, 110
Thuré (de).	191
Tillier.	27
Tirel 7, 9, 12, 18, 21, 22, 23, 26, 27, 38, 53, 57, 77, 83, 84, 116, 118, 132.	
Tissot.	117
Tissue (de).	34
Torchard (de)	160
Tortelier.	152
Touche (de la).	98
Touraille.	139
Trégus (de).	52
Trémaudan (de).	120, 149
Tremigon (de).	34

Pages.

Tremoille (de la).......... 21, 37, 53, 78, 79, 112, 170, 191
Triac (de)... 14
Trochery.. 172, 174
Trollais.. 142
Turgot.. 175
Turmel.. 101
Turpin.. 141

V

Valence... 35
Vassé (de).. 139
Vauborel (de).................................... 82, 96
Vauclin... 141
Vauguion (de)....................................... 110
Vaultier.. 46
Vaurigaud.................... 29, 45, 49, 50, 52, 73
Varye (de la).............................. 98, 102, 160
Velaër (du)................................... 188, 189
Venel... 176
Verger (du).................... 59, 112, 158, 164
Vernay (du)... 167
Veteris (de).. 177
Vettier....................................... 153, 169
Villejeannin (de la)................................ 157
Villensault (de).................................... 9
Villemarqué (de la)................................. 94
Villetesson (de).................................... 133
Vincent-de-Paul (Saint)............................. 126
Vincent................................... 84, 114, 175
Vitré (de)................................ 7, 9, 10, 11
Visage.. 117
Voisin.. 158
Voyer (Le).. 98

II

NOMS DE LIEUX

A

	Pages.
Abbaye (l')	142
Aix	37
Allemagne	29, 31, 70, 74
Alleux (les)	181
Amboise	38
Amiens	95, 177
Angers	38, 52, 79, 178
Anjou	14, 48, 51, 77, 83, 148, 167
Angelier	115
Angleterre	15, 18, 19, 35, 40, 70, 84
Angol	175
Antrain	15
Argentré	80, 138
Availles	18
Avaugour	109
Avranches	102
Aubenas	47
Aubretière (l')	116, 134
Aulnais (les)	166
Aulnines (les)	117, 133, 134

B

| Bailleul en Brabant | 70 |

                                                    Pages.
Balazé.. 6, 102, 139
Barattière (la)....................................... 104
Barberie (la)... 167
Barbotterie (la)...................................... 97
Barre (la).. 171
Bas-Pont (le)... 113
Baste (la)................................... 117, 149, 154
Bâzouges.. 15
Bayeux.. 47
Beaudrairie... 6
Beaugency... 42, 51
Beauses (les)... 103
Beauvais..................................... 175, 177
Benestière (la)....................................... 185
Berne... 101
Berthaud.. 10
Bertries (les).. 181
Berue (la).. 6
Beuvrières (les)...................................... 179
Billé... 142
Blanchardière (la).................................... 160
Blain... 37, 84, 92
Blois... 95
Boisanger (le)................................... 102, 160
Bois-au-Comte... 133
Boisbezier.. 86
Boiscornillé.. 187
Boisdupin (le).. 168
Boisgerault (le)...................................... 140
Boisguy (le).................................... 114, 115
Boisjaril... 97
Bois-le-Baud.. 158
Boispéan... 6, 86
Bonamour.. 189
Bon-Secours (chapelle de)............................. 106

Pages.

Bordage (le)... 37
Borderie (la)..................................... 165, 179
Bougatrière.. 166
Boulogne.. 123
Bourg-aux-Moines................................. 7
Bourgogne... 19
Bourrienne.. 112
Boucherie (de la)................................. 103
Boutardière (la).................................. 149
Bréal... 134
Breil (le).. 6
Breman-Fany.................................. 83, 180
Brequigny... 189
Bretagne 7, 14, 18, 19, 22, 23, 33, 37, 41, 42, 45, 48, 58, 61, 69, 71, 72, 73, 78, 79, 84, 93, 95, 101, 103, 146, 157, 170, 173.
Bretesche..................................... 37, 52
Bretonnières (les)............. 83, 89, 157, 172, 184
Brette (la)....................................... 141
Brest... 96, 151
Brielles.................................. 118, 133, 135
Briettes (les).................................... 103
Brissac... 104
Brochardière (la)............. 150, 166, 167, 168
Brosse (la).................... 6, 114, 160, 169
Brossinière....................................... 16
Brouage....................................... 79, 170

C

Cadix.. 163, 176
Caen.. 45, 46
Calais.. 123
Candé... 8
Cantache.............. 6, 9, 10, 98, 105, 107, 112, 117

Pages.

Cévennes (les) 47
Chalet 108, 111
Chalonge 163
Champagne 45
Champeaux 6, 9, 98, 110, 117, 118, 119, 120, 140, 180
Champguyon 103
Champrozé 114, 133
Chanteloup 165
Chantier (le) 143, 146
Chantoceaux 13, 14
Chapelays (la) 82
Chapelle-Erbrée (la) 166
Chapronnière (la) 103, 109
Chartres 48
Châteaubriant 21 43
Châteaugiron 17, 99
Châteaugonthier 153
Château-Thierry 123
Châtillon 24, 98, 99, 113 117, 192
Chavagne 82
Chemin (le) 198, 133
Chesné 143
Chevallerie (la) 110
Chevrotinière (la) 153
Citardière (la) 110
Clairderie (la) 103, 139
Clairville 181
Cleray (le) 143, 155, 157
Cohigné 39, 51, 77, 97, 98
Colombier (le) 156
Combourg 151
Combourtillé 143
Concarneau 92
Condé-sur-Noireau 51
Corbannes 105

                                                                  Pages.
Corbonnaye..   37
Cordionnaye.................................. 77, 97, 103, 169
Cornillé.. 140, 165
Cornouaille....................................... 33, 94
Cotardière (la)..   175
Cotentin..   73
Coudre (la)...   174
Couets (les)..   50
Courbe (la)...   107
Courgelée (la).................................. 102, 162
Courvenne (la).......................................   141
Craonnais...   21
Croizic (le)..   38
Croix (la)..   111
Croix-Blanche (la)....................................   182

D

Davast..   9
Dauphiné..   77
Dinan................................... 11, 15, 49, 109
Divatte (la)..   14
Dol... 15, 27
Domagné...   99
Domaine (le)..   185
Dompierre...   141
Dourdain.. 10, 140
Ducé..   50

E

Écoubrion...   140
Éguillerie (l')..   109
Épine (l').. 6, 115
Épinay... 39, 98, 133

	Pages.
Erbrée	6, 16, 24, 88, 89, 97
Escurye	136
Espronnière (l')	104
Étrelles	21, 41, 80, 99, 138
Exeter	71

F

Fail (le)	114, 134
Faix	159
Faucillonnaye	108
Fauconnerie (la)	190
Favetière (la)	186
Feu (le)	6, 105
Flandre	87
Fleuryaie (la)	132, 171, 173
Fonchaie (la)	45
Fontenay	51
Fontenelle (la)	164
Forettrie (la)	168
Fosse (la)	142
Foucherie (la)	103
Fougeray	117, 118, 133, 134
Fougères	15, 96, 101, 102, 113, 144, 150, 155, 162
France	19, 29, 30, 48, 58, 72, 73, 74, 90, 91, 95
Fresnais (la)	132

G

Gaillardière (la)	174
Gaillon	158, 179
Galiennaye (la)	111, 134
Gambrettière (la)	102, 161
Garanjot	131
Gascogne	77

Pages.

Gasniais (la)...... 103, 105
Gasselière (la)...... 181
Gastelaye (la)...... 110, 132
Gaulairie (la) 23, 27, 38, 81, 85, 90, 97, 107, 114, 116, 117, 119, 148, 149, 150, 151, 152, 153, 167, 175, 185.
Gazon 10, 15, 23, 82, 105, 106, 107, 108, 109, 110, 112, 113, 116, 117, 118, 131, 133, 134, 135.
Garde (la)...... 176
Garenne Saint-Christophe (la)...... 97
Genève...... 35, 37
Gennes...... 135
Gérard...... 108
Gilaudais (la)...... 150
Gobelins (les)...... 178
Godefroy...... 131
Grandemaison (la)...... 171
Grange (la)...... 96, 153
Grand-Pré...... 72, 180
Gresse...... 167
Gressière (la)...... 113, 115, 134
Gruère (la)...... 171
Grurye (la)...... 112, 133
Gucrande...... 49
Guerche (la)...... 98, 99
Guérinière (la)...... 180
Guernesey...... 70, 72, 180
Guerpinaye (la)...... 118
Guichardière (la)...... 6
Guilmarais (la)...... 120, 149, 163
Guilmelière (la)...... 182
Guinarderie (la)...... 117, 148, 153

H

Hamelinais (la)...... 109, 170

	Pages.
Harcourt	109
Haute-Maison (la)	166
Hauterive	168
Hayers (les)	27, 148, 149, 152, 153
Heminière (la)	141
Heries	83
Herinière (la)	169
Heulet	117, 152, 154
Hollande	70, 71, 73
Houssaye (de la)	102, 160
Hunaudière (la)	114
Hurlières (les)	109

I

Iffer	162
Ille-et-Vilaine	165
Isle-Bouchard (l')	152
Isle-Bourbon	176
Italie	178

J

Jambot	131
Janvrie (la)	179
Jarnac	55, 56
Javené	142
Jersey	70, 71
Jeuvrie (la)	111
Josselin	91, 92
Jousselin (le pont)	98

K

| Kerambourg | 173 |

Pages.

Kercourtois.................................... 94
Kersennas..................................... 34

L

Laigrière.......................... 103, 145, 169
Lambert.. 6, 164
Landavran..................................... 108
Lande (la)...................... 101, 102, 116, 159
Landes (les)............... 171, 176, 177, 180, 187
Landelles (les)................................ 158
Landevoisin................................... 168
Largentière.................................... 47
Largère (la)................................... 184
Launay....................................... 10, 102
Laval.. 190
Lehorie (la)................................... 180
Lentillère..................................... 76, 186
Leziardière................................... 143
Liboré... 182
Liffré.. 104
Livré...................................... 145, 147, 151
Loches... 92
Loire............................... 26, 48, 155, 169
Longchamps................................ 102, 160
Loresse.. 184
Loroux-Botereau............................... 14
Lorvinière................................. 171, 173
Louchardière.................................. 56
Louinière (la)................................. 103
Lude... 79, 189
Luitré... 141
Lyon... 95
Lyonnais...................................... 77
Lyré... 26

M

	Pages.
Magdeleine (la)............................ 12, 23, 26 110,	113
Magnanne (la)..	37
Maillarville..	181
Mainbert...	131
Maine (le).. 46, 77, 99,	148
Maisonneuve (la)...	160
Mancelière (de la)................................... 157,	183
Manche..	70
Mans (le).. 46,	155
Marche (la)..	133
Marpiré... 82, 131,	140
Martinière (la)...	185
Massonnaye................................... 104, 112,	113
Mathelays (la).......... 99, 100, 101, 103, 162, 164, 166,	169
Mazure (la).. 21,	115
Mecé.. 143,	146
Méé (le)....................................... 2, 23, 76, 80,	154
Mehaignerie (la)...	170
Melun...	52
Meslinais (la)...	181
Mesnil (le)............... 39, 98, 171, 172, 173, 174,	175
Mezard (le)..	157
Mildebourg...	179
Milhau.. 79,	81
Mimerais (la)...	103
Missonnais (la)...	188
Monceaux...	141
Moncontour..	50
Mondable.. 105, 108, 109,	132
Mondevert.. 134,	139
Mondidier..	177
Montafilant...	112

	Pages.
Montaigu	92
Montargis	20
Montautour	108
Montfort	108
Montlevrier	108, 109, 132 134
Montmartin	60
Montreuil	82, 85, 110, 139
Montreuil-des-Landes	143
Monts (les)	156
Morandière (la)	179
Morlaix	162
Motte (la)	108, 117, 118, 149
Motte-d'Igné (la)	154, 155
Moulin-Neuf	108
Muée (de)	67
Mur (le)	184

N

Nallais (la)	132
Nantes	12, 13, 38, 50, 117, 176
Naples	78
Navarre	46, 77
Nemours	95
Neptumières (les)	100, 101, 102, 103, 104, 159
Nevers	35
Neufchâtel	37
Nimes	41
Noës (les)	103, 162, 164
Normandie	48, 51, 72, 73, 102

O

Olivet	102
Orléans	51, 84, 95

	Pages.
Orvinières (les)	171
Ourmeaux (les)	6, 103

P

Palatin	26
Pallet	10
Parcé	142
Parigné	161
Paris	95, 123, 177, 190
Parme	186
Pasquerie (la)	171, 175, 176
Pellaine	155
Pepin	177
Perouze	108
Perray (le)	180
Pertre (le)	86, 134, 135, 138
Petibois (le)	174
Picotière (la)	153
Pifferie (la)	149
Plantis (le)	116
Plesse (la)	164, 166
Plessix (le)	43, 77, 159
Plessix-Raffray (le)	98
Pleumaugat	116
Ploërmel	54
Pocé	9, 82, 133
Poiriers (les)	117, 154
Poissy	43, 63, 69
Poitou	42
Pont (le)	185
Ponthay	131
Pontdavy	187
Pontivy	52
Pontorson	51

	Pages.
Porche (le)	156
Poterie	6, 102, 132
Poterie (la)	99, 161, 169
Pouancé	27
Poultière	97
Pré (Grand-)	179, 180, 181
Prévalaye (de la)	174
Primerais (la)	166, 189
Princé	141
Provence	37
Provins	32

Q

Quintin	109

R

Rabault	105, 134
Rachapt (le)	17, 113
Redon	19, 20
Rennes	5, 11, 17, 22, 23, 42, 88, 96, 100, 105, 106
Rhetiers	34
Rheu (le)	161
Riardière (la)	98
Riboisière (la)	174
Rieux	109
Ripvière (la)	102
Robannerie (la)	100, 101, 103
Roberie (la)	98, 155
Roche (la)	159
Roche-Bernard	37, 52, 55, 84, 91
Roche-en-Nord	109
Rochefort	109
Rochelle (la)	79

	Pages.
Rocher (le)	88, 89, 90
Rochers (les)	102
Rome	8
Rouaudière	189
Rouelle (la)	143
Rouen	95, 116
Rousselaye (la)	75
Roux	10
Rouxelière (la)	157
Rouxière	103, 140
Rues (les)	132

S

Santé (la)	113
Saint-Armel	110
Saint-Aubin-des-Landes	6, 140
Saint-Aubin-du-Cormier	22, 56, 113, 146
Saint-Brieuc	18
Saint-Christophe	97
Saint-Christophe-des-Bois	143, 146
Sainte-Croix	8
Saint-Denis	48
Saint-Didier	86, 140
Saint-Domingue	167
Saint-Georges	23
Saint-Hilaire-des-Landes	155
Saint-Jean-sur-Couesnon	146
Saint-Julien-du-Mans	123
Saint-Laud	192
Saint-Laurent-de-Terre-Gaste	102
Saint-Léonard de Fougères	56
Saint-Lô	47
Saint-Mahé	13
Saint-Maixent	27, 36

	Pages.
Saint-Malo	82, 97, 173
Saint-Marceau	178
Saint-Martin	88, 97
Saint-M'Hervé	139
Saint-Michel	115
Saint-Nicolas	17, 58, 113
Saint-Pierre-Port	72
Saint-Sauveur-des-Landes	155
Sainte-Suzanne	99
Saint-Yves	113
Saultogier	18
Selle (la)	141
Senlis	20
Sibonnière (la)	170, 171, 172

T

Taillis	139
Teil (le)	173
Teilment (le)	157
Terchant	74, 143, 152
Tertres-Noirs	105
Tesnières (les)	161
Thouars	27, 112
Tibre	26
Tillé	177
Tilleul (le)	10, 114, 133
Tizé	157, 183
Tizounais (la)	86, 171, 172
Tizonière (la)	102
Torcé	80, 132
Toulouse	95
Tours	96
Touschardière (la)	99

	Pages.
Tousche (la)	58, 103, 143, 151
Tousche-Bouillon (la)	158
Touschardière (la)	99
Touzerie (la)	114, 134
Trélan	104
Trente	125
Tronchet	11
Troyes	52
Tuberie (la)	83

V

Vairie (la)	143
Val (le)	157, 189
Vallon	47
Vals	47
Vallerais (les)	103
Valsergues	79, 170
Vandel	143
Vans	47
Varenne (la)	168
Vassy	45
Vaucenay (le)	174
Vaucelle (la)	142
Vauloudin	142
Vence	70, 178
Vendôme	52
Vergéal	80, 139
Vernouzet	112
Vieuville (la)	165
Vieuxcour (la)	168
Vilaine (la)	113
Vildé	176
Villaudraye (la)	168

Pages.

Villeblanche (la).. 172
Villechère (la) 162
Villegonthier (la)... 161
Villegille (la)... 189
Villemarterre (de la)............ 79, 170, 171, 175, 176, 177
Villeneuve 140, 190
Villensault... 118
Villiers 37
Villiers-Charlemagne 83
Vitré   6, 7, 8, 9, 10, 11, 15, 16, 18, 20, 21, 23, 24, 29, 39,
       41, 42, 43, 50, 51, 52, 53, 55, 57, 58, 61, 63, 69,
       70, 74, 75, 77, 78, 79, 80, 81, 82, 84, 88, 92, 95,
       96, 97, 98, 99, 100, 102, 104, 105, 110, 111, 112,
       114, 117, 121, 123, 132, 134, 135, 136, 144, 145,
       147, 151, 153, 155, 159, 162, 164, 169, 170, 172,
       173, 175, 176, 184, 185, 188, 189, 191, 192.
Visseiche..... .. .. 7, 8
Vivarais 47
Viviers... 47

W

Wight.. 78

Y

Yzé... 106, 131, 140

IMPRIMÉ

PAR MM. OBERTHUR ET FILS

POUR

J. PLIHON, LIBRAIRE

14, RUE DE LA VISITATION, A RENNES.

www.ingramcontent.com/pod-product-compliance
Lightning Source LLC
Chambersburg PA
CBHW071943160426
43198CB00011B/1520